だから、また行きたくなる。

伝説の外資系
トップ営業が教える
「選ばれるサービス」の本質

川田修
Kawada Osamu

ダイヤモンド社

少しだけ違う「何か」に気づきますか？

これからお見せする5枚の写真に、
あなたはどのような印象を持たれるでしょうか。
「へえ、なるほど」と感心されるでしょうか。
「わかる！　すごい！」と
共感していただけるでしょうか。
「で、それが何？」と疑問に思われるでしょうか。
素直な心で、ご覧になってみてください。

岡山県にある、とある料亭のひとコマです。
多くの人が、大切なお客さまをおもてなしするときにお連れする、
地元企業の間で評判のお店だそうです。

写っているのは、飲みさしのビール瓶を入れておく「受け皿」。
そこに、松の葉が入っています。

料亭の人は、何のために松の葉を入れたのでしょう?

少しだけ違う「何か」に気づきますか?

ビジネスホテル、シティホテル、高級ホテル。

ホテルのグレードにかかわらず、客室に体重計が置かれていることがあります。

ある老舗ホテルに宿泊したときも、やはり部屋に体重計がありました。

しかし、ほかのホテルとは少しだけ違っていました。

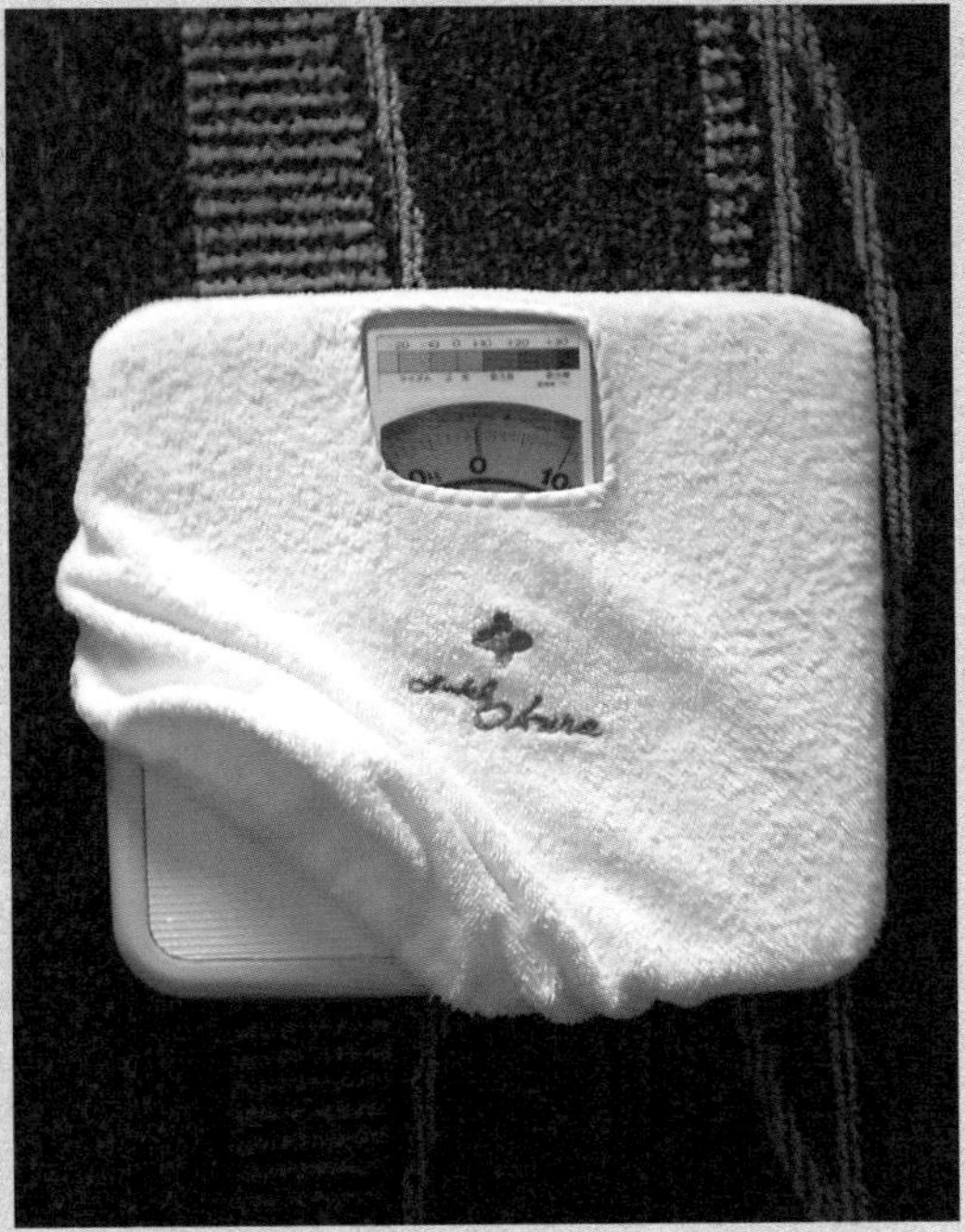

ホテルの人は、なぜカバーをかけたのでしょう?

私には、アシスタントをお願いしている女性が2人います。
その1人の誕生日が近づき、プレゼントを贈ろうと百貨店に電話注文しました。
電話口で女性へのプレゼントであることを伝え、
小さな瓶に入った、バスオイルのセットを注文しました。

ほどなくして、商品が届きました。
プレゼントだけでなく、同梱されていた紙の手提げ袋にも
緩衝材が巻かれていました。

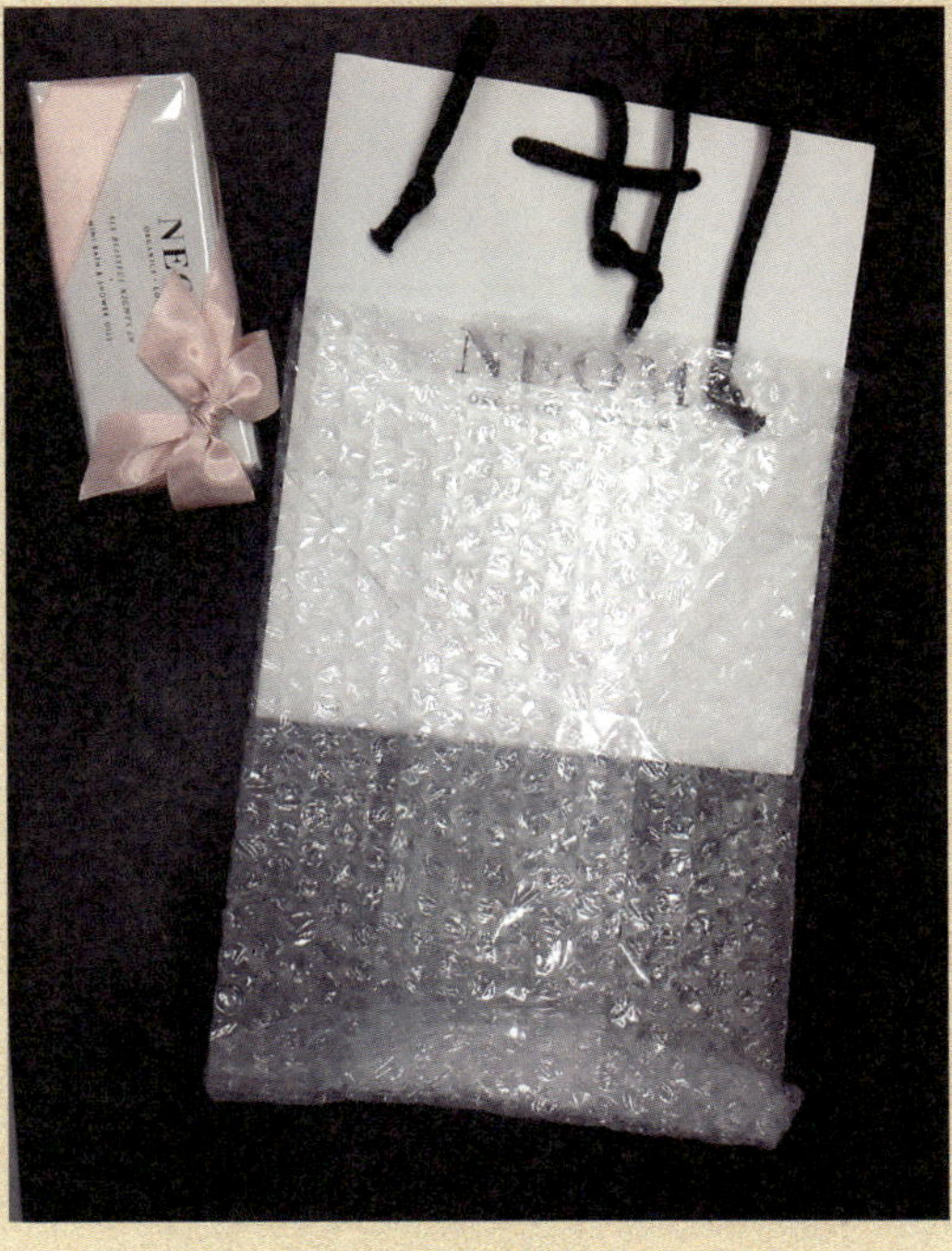

百貨店の人はなぜ、袋を「プチプチ」にくるんだのでしょう?

ある年の冬、

ギックリ腰をやってしまい、治療院に行ったときのことです。
器具や薬を使わない独特の手法で全身をやさしくマッサージしていただいて、
痛みはすっかり軽くなりました。

治療が終わり、帰宅しようとしたときのことです。
下駄箱を見ると、小さな毛布のようなものが、自分の靴にかけられていました。

治療院の人はなぜ、靴に毛布を掛けたのでしょう？

少しだけ違う「何か」に気づきますか？

私のお客さまの経営者から、
本社が移転するというお知らせをいただきました。
私と同じ「川田姓」ということもあり、とても親近感を覚えている社長です。
移転のお祝いに花を贈ると、後日、お礼状をいただきました。
そのお礼状には、私が贈った花の写真が添えられていました。

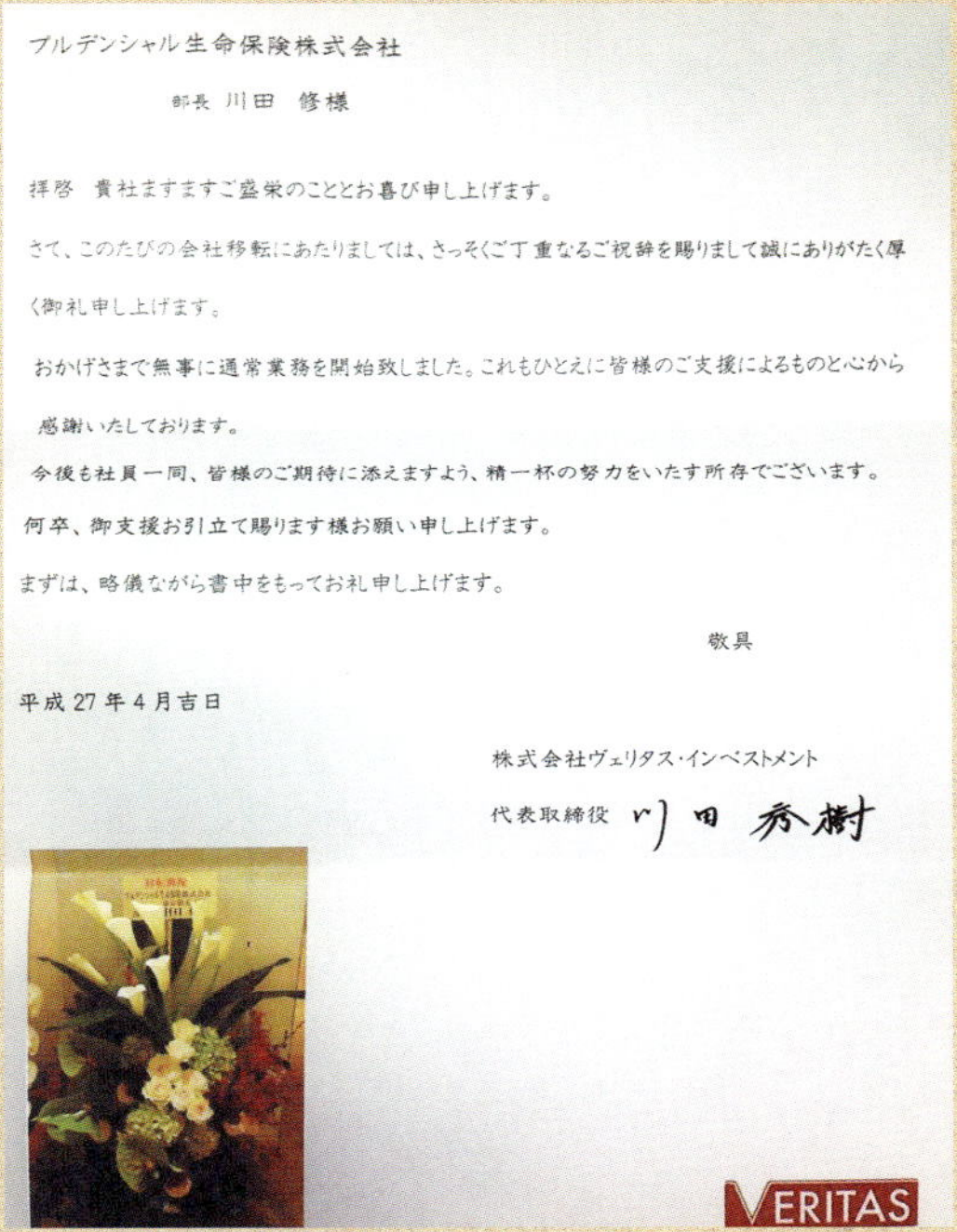

プルデンシャル生命保険株式会社

部長 川田 修様

拝啓 貴社ますますご盛栄のこととお喜び申し上げます。

さて、このたびの会社移転にあたりましては、さっそくご丁重なるご祝辞を賜りまして誠にありがたく厚く御礼申し上げます。

おかげさまで無事に通常業務を開始致しました。これもひとえに皆様のご支援によるものと心から感謝いたしております。

今後も社員一同、皆様のご期待に添えますよう、精一杯の努力をいたす所存でございます。

何卒、御支援お引立て賜ります様お願い申し上げます。

まずは、略儀ながら書中をもってお礼申し上げます。

敬具

平成27年4月吉日

株式会社ヴェリタス・インベストメント

代表取締役 川田秀樹

送り主の経営者は、なぜ写真を載せたのでしょう?

少しだけ違う「何か」に気づきますか?

あなたは、5枚の写真を見て、どのようなことを感じましたか？

なぜ、ビール瓶の受け皿に松の葉が入っていたのか？
なぜ、体重計にカバーがかけられていたのか？
なぜ、プレゼントだけでなく、手提げ袋にも緩衝材が巻かれていたのか？
なぜ、下駄箱の靴に毛布がかけられていたのか？
なぜ、お礼状に、贈った花の写真が添えられていたのか？

もっと仕事で成長したい。もっと売上を伸ばしたい。
もっとお客さまに喜ばれるサービスをしたい。もっといい会社にしたい――。
もしあなたがそう願っているのなら、そのヒントが、
この5枚の写真にあります。

はじめに

なぜ、お客さまは1つの商品を「選ぶ」のか？

売れている商品と、そうでない商品。
もう一度行きたいと思うお店と、そうでないお店。
伸びている会社と、そうでない会社。

あなたは、この違いは「何」だと思いますか？
値段も質も大きくは変わらないのに、なぜ、お客さまは1つの商品を選ぶのでしょうか。

実は、答えはとてもシンプルです。

それは「心を動かされる」から。
そこに秘密があるのです。

私は、外資系企業で営業の仕事をしています。

全国約2000人中1位のトップセールスとして表彰されたことがあり、営業力の秘訣をおさめた『かばんはハンカチの上に置きなさい――トップ営業がやっている小さなルール』（ダイヤモンド社刊）をはじめ何冊かの本を出版し、海外でも翻訳されました。

以来、たくさんの企業から、時には海外からも講演のご依頼をいただくようになり、営業活動の傍ら、全国各地の会社で、毎年40回ほどの講演を行っています。

すると、不思議なことが起こります。

「まさに社員に伝えたかったことを話していただきました。ありがとうございました」

講演が終わると、ほとんどの経営者の方から、そういって感謝されます。

また、現場の方々からは、こんなお手紙をいただくのです。

「社長がいつも言っていることの意味が、やっとわかりました！」

レストラン、ショップ、ホテルなどのサービス業、自動車、薬品、お菓子のメーカー。

建設会社や不動産会社、さらには銀行、弁護士、税理士まで——。講演する業種も規模もまったく異なりますが、どの会社に行っても、私は同じ話をしています。

最初は、同じようなお礼や感想の言葉をいただくことが不思議でしたが、その理由がわかってきました。実は、どんな会社や職種でも「大切なこと」は同じだったのです。

私はこれまで1000人以上の経営者と出会い、800社くらいの企業を見てきました。伸びている会社、繁盛しているお店、売れている商品には、すべて共通点がありました。そして、それは私が営業現場で大切にしていることと一緒だったのです。

ほんの少しだけ違う「何か」を提供して、お客さまの心を動かすこと。

なぜそれが大切なのか。本書では、私が感銘を受けた多くの事例を紹介しながら、どんなお店や会社にも共通する、「リピート」や「紹介」を生み出す秘訣についてお伝えします。

この本は、経営者や現場の責任者（いわゆる管理職）の人たちと、現場でお客さまに接している人たちの両方に読んでいただくことで、最大限の価値を生み出せる本になっていると思っています。

なぜなら、経営者、管理職、現場の人たちが同じ方向を向いていなければ、「紹介」や「リピート」は生まれないからです。

もし、あなたが経営者で、「自分のやりたいことが書いてある」と思われたら、ぜひ、この本を現場の人に渡して読んでもらってください。

もし、あなたが現場でお客さまに接している人で、「これができればお客さまが喜ぶはずだ」とか「自分の仕事が楽しくなるかもしれない」と思ったなら、管理職や経営者の方に、この本をそのまま渡してあげてください。

私は、確信しています。

現場から経営者までが「価値を共有」し、「同じ方向を向いて」いれば、お客さまも共鳴してくれるのです。

本の最後には、仕事で「感動」を生み出すための研修プログラムも用意しました。

この本を使って、みなさんが、仕事を通して、より人生が豊かになることを心から願っています。

2018年6月　川田修

目次

Contents

第1章

Chapter 1

なぜ、あのお店は「選ばれる」のか？

第2章

Chapter 2

「普通の仕事」をほんの少し超える方法
――「レベル10」「レベル11」という考え方

第3章

Chapter 3

「先味《さきあじ》」「中味《なかあじ》」「後味《あとあじ》」

――お客さまの心を動かす3つのステージ

第4章

Chapter 4

みんなの周りにある「3つの味」

第5章

Chapter 5

心が動かされる場所に隠された秘密

終章

Epilogue

あなたは、明日から何を始めますか？

※本書で紹介している商品やサービスに対する感想は、あくまで著者個人の見解です。

第1章

Chapter 1

なぜ、あのお店は「選ばれる」のか?

冒頭でご紹介した、5枚の写真を解説していきます。
もし、あなたがこのサービスに触れたらどう感じるでしょう?
それを想像しながら、読んでみてください。

松の葉に込められた「おもてなし」とメッセージ

冒頭に掲載した5枚の写真は、いずれも私が「すごい！」と思って撮影したものです。私は、どこに心を動かされたのか。まずはその理由からお伝えします。

1枚目は、岡山県にある料亭「美作（みまさか）」という料亭で撮った写真です。私は普段あまりお酒を飲みませんが、お客さまの社長に誘っていただきました。ビールを頼んだら、ビール瓶の受け皿に、松の葉が2本入っていました。普通のコースターではなく「受け皿」というのが、しゃれています。でも、なぜか松の葉が入っています。これは何を意味しているのでしょうか？

よく冷えたビール瓶を飲みさしのまま置いておくと、表面に水滴が浮かんできます。下に何も敷かないと、したたり落ちる水滴で、テーブルが濡れてしまいます。それを避けるためにあるのが、瓶を置くコースターや受け皿です。コースターに瓶を置いたり、受け皿に瓶を入れておけば、テーブルが水びたしになることはありません。

とはいえ、水滴がしたたり落ちることは変わりません。水滴が器にたまり、受け皿と瓶の底がくっついてしまうことがあります。

そこで気づけばいいのですが、**ビールを注ごうとする途中で受け皿が落ちて、テーブルにぶつかって大きな音をたてたり、料理の上に落っこちてしまったりすることもあります。**

あなたも、そんな経験はありませんか？


「この松の葉は、瓶がくっつかないようにするためですか？」

理由を知りたくなって、お店の人に聞いてみました。

「はい、そうです。それと、もう1つ理由があるんです」

女将さんは、にっこり笑うと、こう言いました。

「松の葉は必ず2本入れるようにしていて、**あなたを私は松（待っ）ていました、という意味を込めているんです**」

「へえ～！」私は思わずのけぞってしまいました。

すてきな心遣いだと思いませんか。

このお店に行ったのは、一度だけです。でも、もし岡山で大切な人をもてなす機会があったら、迷わず、私はこのお店を選ぶでしょう。

松の葉に込められた2つの意味

①ビール瓶に受け皿がくっついて落ちないため
②「あなたを待っ（松）ていました」というメッセージ

「安心」と「信頼」を感じた体重計カバー

2枚目の写真は、神戸の海近くに建つホテルに宿泊したときに撮ったものです。

客室に体重計があるホテルはたくさんありますが、このホテルは少し違いました。

体重計に、タオル地のカバーがかけられていたのです。

ホテルに備え付けの体重計は、不特定多数の人が素足でのるものです。

もちろん、宿泊者が変わるたびに、ていねいにクリーニングされているはずですが、それでも、人によっては抵抗を感じることもあるでしょう。

「ちゃんと殺菌してるのかな……」

「前に使った人は、どんな人だろう……」

そんな抵抗感をなくすために、体重計にカバーをつけたのでしょう。

当然、カバーもその都度、取り替えられているはずです。

「ここまでやるのか……」

それが率直な感想でした。普通はここまで考えないよなぁ、と驚きましたが、あるときテレビを見ていて「ああ、そうか!」と納得したのです。

最近は、いわゆる「潔癖性」の人がものすごく増えているといいます。

他人が触れた電車やバスのつり革が触れない、トイレの便座に座れない、温泉の脱衣所の床を歩くのが怖い、図書館の本やエレベーターのボタンに触れない、他人の家のコップが苦手、家族以外がつくった食事が食べられない……。

そこまで極端ではない人でも、**人の趣味嗜好はどんどん多様化しています。**

ここは、ホテルオークラ神戸というホテルです。ホテルオークラの企業理念は「親切と和」。ホテルオークラを世界最高のホテルにするという、開業時の社長・野田岩次郎《のだいわじろう》さんの信念によって掲げられた理念だそうです。

ホテルは不特定多数の人が利用する場所。より多くのお客さまに親切にし、喜んでいただくためには、そこまで想像力を働かせる必要がある。

神戸で誰かと一緒にホテルに泊まるとき、あるいは、おすすめのホテルを尋ねられたとき、私は自信を持って、安心して、このホテルの名前を挙げるでしょう。

それは、ただ体重計にカバーがかかっているから、ということだけではありません。そこから感じられた「理念」に、安心と信頼を感じたからです。

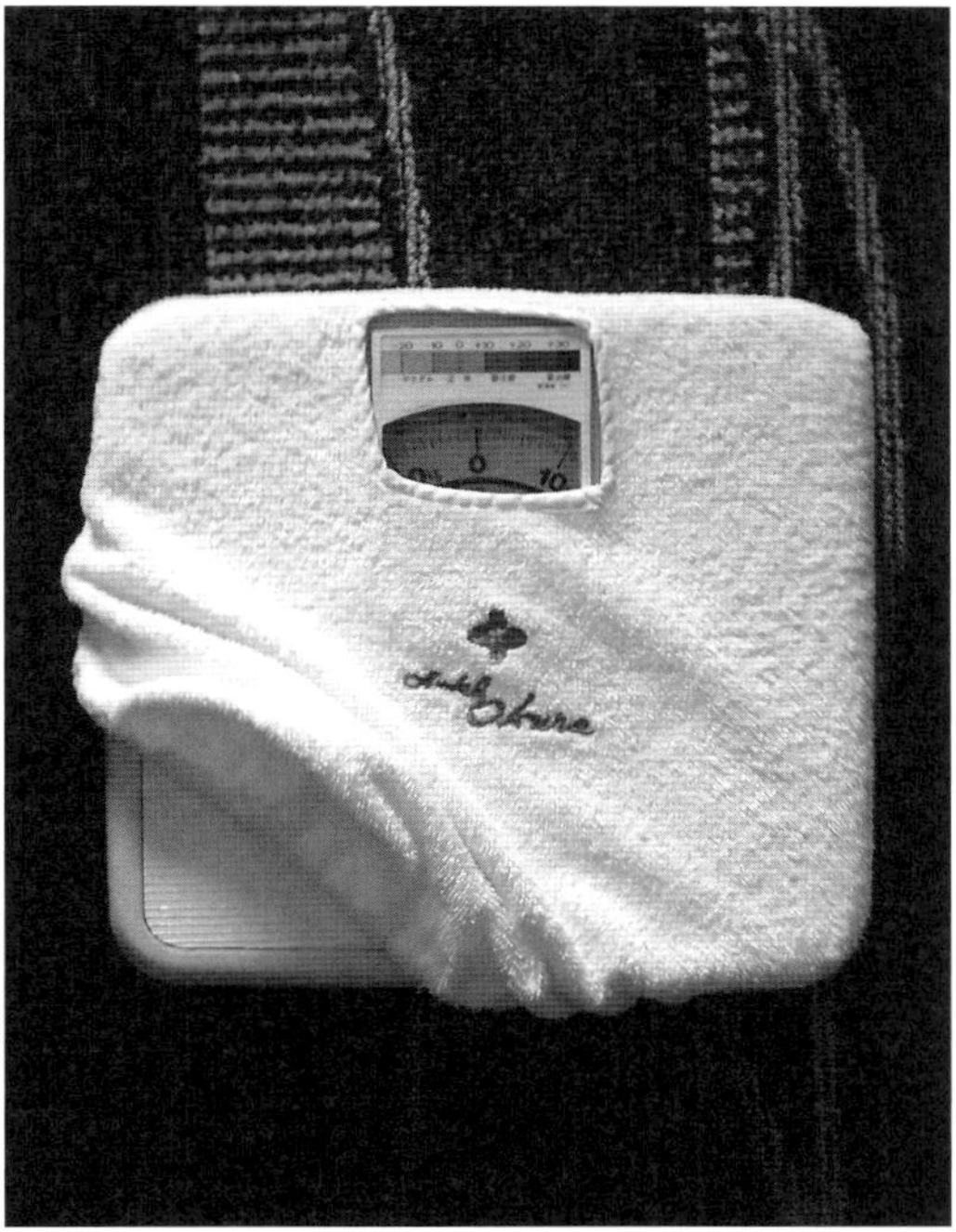

タオルカバーに込められた意味

①「ちゃんと殺菌されているのかな……」
という抵抗感をなくしてもらうため

②「あらゆる人にストレスなく喜んでいただきたい」
という考え方

「お客さまのお客さま」を気遣う緩衝材

3枚目の写真は、秘書の女性に贈るために、三越伊勢丹で購入したプレゼントが届いたときの写真です。

箱を開けてみると、バスオイルのセットが緩衝材にくるまれて入っていました。緩衝材をはがすと、リボンがつけられています。壊れやすい商品だから緩衝材を巻く。プレゼントだからリボンをつける。伝統と格式のある百貨店、きちんとしています。

とはいえ、これは多くのお店でやっていることでしょう。少なくとも、この時点で私は、特に驚きを感じたりはしませんでした。

ところが、届いた箱の中をよく見ると、もうひとつ緩衝材が巻かれたものがあります。商品を入れるための「手提げ袋」でした。商品と一緒に紙袋を送ってくるのは、どこのお店でもやっていることですよね。袋が折れ曲がらないように配慮しているお店もあります。しかし、手提げ袋までを「プチプチ」でくるんでいるお店は初めてでした。

袋も新品同様の状態でお渡しできるように。そんな心遣いだったのでしょう。

手提げ袋をくるんだ「プチプチ」に込められた意味

……商品を入れる手提げ袋も、新品同様でプレゼントできるように

さらに、同梱されていた商品パンフレットの冊子を手にとって「えっ？」と驚きました。そのパンフレットには付せんがついていて、こんなことが書かれていたのです。

「価格の記載がございますが、よろしければお納めくださいませ」

バスオイルをプレゼントされたら、香りや効能など、商品の詳しい情報を知りたい人が多いのでしょう。だから担当の方は、それらが記されたパンフレットもプレゼントと一緒に手渡してほしい、と考えたのだと思います。

けれど、パンフレットには商品の価格も記載されています。もし私が中身を確認しないまま無造作に渡してしまったら、相手にプレゼントの値段がわかってしまいます。**プレゼントの場合、高くても安くても、値段はあまり知られたくないものです。**

この担当の方は、そこまで想像して、コメントをつけてきてくれたのでしょう。

しかも、左の写真を見てください。それは、手書きで記されていたのです。

商品を包装しながら、男性から女性へのプレゼントであることを意識し、お客さまの思いに寄り添う。何も考えず事務的に送るのではなく、メモを書く手間も惜しまない。

パンフレットと付せんに込められた意味

①商品の詳しい情報を伝えるため
②プレゼントの価格が相手に伝わることへの「アラート」

「すばらしい……」。私は当事者として、誠意ある対応に心を打たれたました。

普通に商品だけを緩衝材でくるんで、普通にパンフレットを送ってきていても、不満を感じることはなかったと思います。

ただ、逆にいうと、プレゼントを渡して、それで終わりです。

特に印象に残ることなく、どのお店で買ったのかも忘れてしまったかもしれません。

しかし、このお店は違いました。

担当の方の独自の判断なのか、お店のマニュアルなのかはわかりませんが、どちらにせよ、「三越伊勢丹はすごい！」という印象が、強烈に残りました。

私がもう一人のアシスタントに誕生日プレゼントを送るときも、三越伊勢丹にお願いしたのは、言うまでもありません。

「身体を冷やさない」を徹底する小さな毛布

4枚目の写真は、東京・品川にある「ゆらしラボ」という治療院で撮ったものです。

数年前の冬、私はぎっくり腰で腰を痛め、治療院を探していました。整形外科、マッサージ、接骨院など、あちこち行ってみましたが、どうにも良くなりません。

そんなときにインターネットで見つけたのが、この「ゆらしラボ」でした。

ここで行う「ゆらし療法」は、器具や薬を一切使わず手技だけで痛みの原因を取り除くもので、医療先進国ドイツの医師も認め、海外でも広まっている療法だといいます。

痛いことが大の苦手な私は、わらにもすがる思いで訪ねました。すると、軽く触って動かす、柔らかくなでる、やさしく引っ張るという、まさに、一切痛いことをしない「ゆらす」だけの治療で、本当に痛みがなくなったのです。

「痛いことをしないでゆらしただけで治るなんて！　ありがとうございました！」

そう感謝の気持ちを伝えると、院長さんは、こう説明してくれました。

「痛みの原因が炎症にあると考え、患部をアイシングする方が多いのですが、それは大きな誤解なんです。冷凍庫にお肉を入れているのと同じで、長く冷やしすぎると筋肉が固くなって血行を悪くさせてしまいます。そうではなく、軽くなでたり、触ったりして、硬くなった筋肉を温めて、患部の血行を良くすることが大切なんです」

私は学生時代にサッカーをやっていた頃から、どこか痛くなると、冷やせばいいと思っていましたが、痛みを麻痺させるだけで、症状が治るわけではなかったのです。

新しい感覚に感激して帰ろうとしたとき、私は「えっ?」と驚きました。

靴を履こうとしたら、なぜか靴が温かいのです。

「なぜ温かいんですか?」と聞くと、「お預かりした靴を温めているんです」とのこと。

「どうやって?」と聞いて見せてもらったのが、左の光景でした。

下駄箱の靴に小さな毛布のようなものがかけられていて、下に敷かれている小さなカーペットを触らせてもらうと、じんわり温かい。

小さな電気カーペットの上に靴を置き、その上から毛布をかけていたのです。

「お客さまが身体を冷やさないように、こんな工夫まで……!」

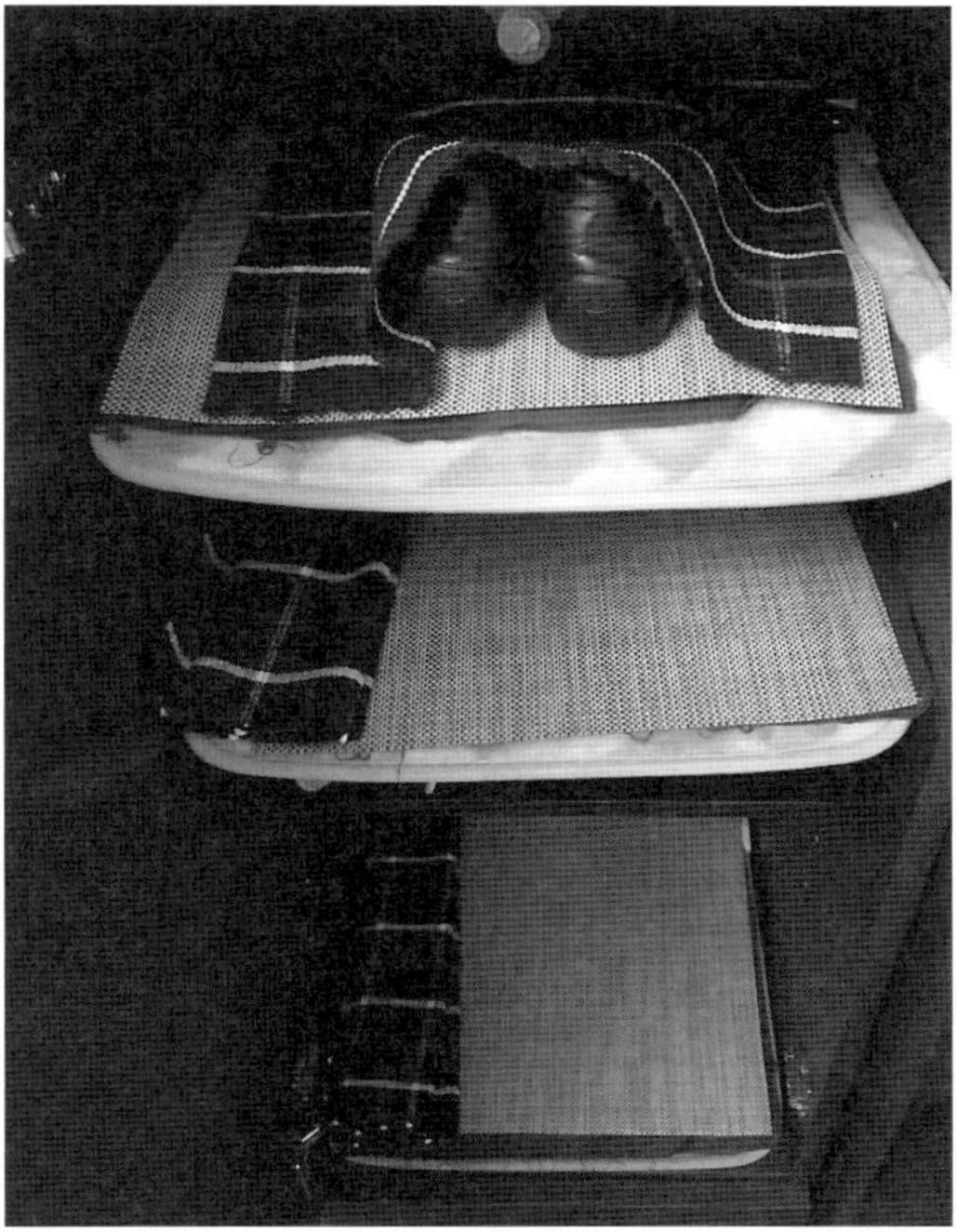

靴にかかった毛布に込められた意味
……せっかく温まった身体を冷やさないように

私が驚いていると、「どうぞ、これをお使いください」と、これまで見たことのない、ちょっと変わった靴べらを渡されました。

左の写真をご覧ください。

柄の部分に、ちょんと出っ張っている部分がありますよね。この出っ張りは何だと思いますか。話を聞いて、また私は「へぇ～！」と声を出してしまいました。

靴べらを使うと、ズボンの裾《すそ》が靴の中に入ってしまうことがありますよね。それを直そうとすると、腰を曲げなくてはいけません。**腰痛の人にとって、腰を曲げることはつらいものです。**それを防ぐため、出っ張りに裾を引っ掛け、ズボンの裾が靴に入らないように作られた特別な靴べらだったのです。

私は腰を曲げることなく、温められた靴を履いて帰途に着きました。身体だけでなく、心も温かくなっていました。

その後も、身体に痛みが出ると、そこに通うようになりました。

不思議なご縁で、今では、その治療院の採用や従業員の教育について、私がアドバイスをさせていただくようになっています。

不思議な形をした靴べらに込められた意味
……腰痛を持つ人が、腰を曲げなくても靴が履けるように

受け取る人の気持ちを考えたお礼状

最後の5枚目の写真は、ヴェリタス・インベストメントという不動産会社の経営者、川田秀樹さんという社長からいただいた、お礼状を撮ったものです。

この方は私のお客さまで、毎年、この会社の新人研修の講師も務めさせていただいています。とてもお世話になっているため、会社が移転したときに花をお贈りしました。すると、お礼状に、贈った花の写真が添えられてきたのです。

ただお礼状が届くよりも、「**こんな素敵なお花が届きました。ありがとうございます**」**と言われている気がして**、相手の気持ちが、より伝わってきます。

それだけではありません。会社の移転などで贈るお花を発注するとき、どんな花が贈られるのか、実物を見ることはほとんどないのではないでしょうか。最近は、ネットで見本だけを見て注文することも多くなっています。

そんな中、こうした気配りは、贈った側からすると「**あの花屋さんに頼むとこんな花が届くんだな**」**と、確認できることにもなるわけです**。

プルデンシャル生命保険株式会社

部長 川田 修様

拝啓 貴社ますますご盛栄のこととお喜び申し上げます。

さて、このたびの会社移転にあたりましては、さっそくご丁重なるご祝辞を賜りまして誠にありがたく厚く御礼申し上げます。

おかげさまで無事に通常業務を開始致しました。これもひとえに皆様のご支援によるものと心から感謝いたしております。

今後も社員一同、皆様のご期待に添えますよう、精一杯の努力をいたす所存でございます。

何卒、御支援お引立て賜ります様お願い申し上げます。

まずは、略儀ながら書中をもってお礼申し上げます。

敬具

平成27年4月吉日

株式会社ヴェリタス・インベストメント

代表取締役 川田 秀樹

VERITAS INVESTMENT

お礼状の写真に込められた意味

①「ありがとう」を言葉以外で伝えたいという思い

②「こんなお花が届きましたよ」という報告

相手の気持ちを察して、その人が求めていることや、喜んでくれることを想像し、実行に移す。これは、どんなビジネスでも大事なことです。

私自身もいつも心がけていることですが、なかなかここまで徹底できません。

この川田社長は、相手目線で物事を考えることの大切さを、従業員への教育でも徹底されています。

ビルの廊下で来客とすれ違ったときの対応から、トイレの案内の仕方まで、社長自ら新人一人ひとりに、その場でロールプレイングしながら指導されているそうです。

私は、**経営者自らがお客さまの目線を持ち、行動することは、その企業の文化をつくるうえで一番大切なことだと思っています。**

お礼状ひとつ取ってみても、その人や、その会社が大事にしていることは、相手に伝わるものなのです。

さて、ここまで紹介した5つの事例について、あなたはどう思われたでしょうか？

「わかる！　すごい！」と感心されたでしょうか。

「えっ、そんなことまでするの……」と驚かれたでしょうか。

「なんで、こんなことをするの？」と、疑問に思われた方もいるかもしれません。

いずれにしても、「普通じゃない」と感じたのではないでしょうか。


実は、5つの事例には、隠された共通点があります。

その共通点とは、お客さまに対してサービスを提供するすべての仕事に通じる、「リピート」や「紹介」を生む法則です。

あなたのお客さまに、「また行きたい」「あなたから買いたい」と思ってもらうために、あなたが今日から実践できる、ほんの少しの心がけです。

売れるか、売れないかは「商品の差」ではない

ご紹介した5つの事例は、どれも、「普通とはちょっと違うこと」だったと思います。

でも、やろうと思えば、誰でもできることばかりです。

ビールの底に松の葉を敷くことも、靴に毛布をかけることも、手提げ袋に緩衝材を巻いたり付せんを貼ることも、別に難しいことではありません。お礼状に写真を添えることも、体重計にカバーをかけることにしても、そうです。

そんな、ある意味すごく簡単なことが、私の心を動かして、「あそこは、ほかと違う」「またあのお店に行こう」という気持ちにさせたのです。


モノが売れない時代になった、と言われています。

でも、いつも行列ができているお店があります。

成長し続けている会社は、たくさんあります。

値段やサービスの内容が極端に違うケースはともかく、ほとんどのお店や商品には、それほど大きな違いはありません。

なのに、売れる人と売れない人、繁盛しているお店とそうでないお店がある。

これって、不思議だと思いせんか？

「自分が買う」と「誰かに紹介する」の間にあるもの

それが顕著なのが、私たち営業の仕事です。

同じ会社の営業ならば基本的に、同じ商品を、同じ環境、同じ価格で売っています。それでも、成績に大きな差が生まれるのです。

いったい、なぜなのでしょうか？


私がその理由に気づいたのは、前職のリクルートという会社から、現在のプルデンシャル生命に転職して、しばらくしてからでした。

同じ営業の仕事だと思っていたものに、いくつかの「違い」があったのです。

一番大きな違いは、仕事の「ゴール」でした。

リクルート時代のゴールは、「ご契約」をいただくことだったように思います。

しかし、プルデンシャル生命の仕事のゴールは「ご紹介」をいただくことです。

ご加入いただいたお客さまに、保険の話ができる方をご紹介いただいて、またその人にご紹介していただき、お客さまの輪を広げていく。そんな仕事です。

現在、私はご紹介だけで、約２６００人のお客さまを担当させていただくに至っています。

「契約」であれば、「損得」でたどり着けることもあります。

「こっちのほうが安いから」「今、買わないと損だから」などといった理由で。

でも「紹介」となると、そうはいきません。「損得」で商品は買ってはくれても、人を紹介するとなると、「ほかの要素」が必要となってきます。

では、何が必要なのでしょうか。

それは「お客さまの心を動かすこと」です。

小さくてもいいから、お客さまに「感動」を提供することです。

なぜなら、人は、心を動かされたときに、それを別の誰かに伝えたくなるものだからです。

「小さな感動」が人を集める

ちょっと、ご自身の経験を振り返ってみてください。

自分が行ったレストランを、つい人に話したくなるとき。

観た映画を、誰かに教えたくなるとき。

誰かから話を聞いて、すぐ別の人に話したくなるとき。

人に何かを紹介したくなるのは、普段では感じられない「ちょっとした感動」があったときではないでしょうか？


冒頭で、私が取り上げた5つの事例も同じです。

私自身が心を動かされたから、みなさんに「紹介」したのです。

もし岡山の料亭でビールの受け皿に松の葉が入っていなかったら、「おいしかった」と思っただけで、人に紹介しようとは思わなかったかもしれません。治療院は、同じぎっくり腰の人には勧めたかもしれませんが、本に書くまではしなかったでしょう。靴を温めるという工夫や不思議な靴べらに感激したから、ご紹介したくなったのです。

人は、心を動かされると、人に紹介したり、リピートしたくなるものです。フェイスブックやツイッターなどのＳＮＳに投稿して、みんなに何かを伝えたくなったり、誰かの投稿に「いいね！」を押したくなるのも、あなたの心がちょっとでも動いたときだと思います。その結果、ある商品が爆発的に売れたり、あるお店に行列ができたりすることは、みなさんもよくご存じでしょう。

すっかり定着した「インスタ映え」という言葉も、「ちょっと心が動かされた写真」と言い換えることができるのではないでしょうか。

そして同じように心を動かされた人たちが、その情報を拡散し、どんどん世の中に広まり、多くの人たちがつながっていくのです。

つまり、**人が人に何かを伝えたくなる原動力は、感情的なものによる**のです。

では、どうしたら、自分の仕事でお客さまの心を動かすことができるのでしょう？

変わったことをすればいいのでしょうか。ほかよりも目立てばいいのでしょうか。

いいえ、違います。それだけでは、人は感動してくれません。

いっときは面白がって話題にしてくれても、「また行きたい！」とか「誰かに紹介したい！」とまでは思ってもらえません。

お客さまの心を動かすものには、ちゃんと**「法則」**があるのです。

その法則を理解すれば、実行することも、意外と難しいことではないのです。

第2章からは、私が営業という仕事で意識してきたことと、私自身が心を動かされた多くの事例をご紹介しながら、人の心を少しだけ動かすための「2つの考え方」についてお伝えしていきます。

ひとつは、**「レベル10」「レベル11」**という考え方。

もうひとつは**「先味・中味・後味」**という考え方です。

どんな仕事であっても、この2つの掛け合わせを実践することで、お客さまに選ばれる存在になることができます。

第2章

Chapter 2

「普通の仕事」をほんの少し超える方法

――「レベル10」「レベル11」という考え方

人が「小さな感動」を覚えるのには、理由があります。
個々人の「感覚」だけではなく、
すべての人に共通する理由があるのです。

お客さまの頭の中には「普通」の基準がある

私の頭の中には、常に「レベル10」と「レベル11」という考え方があります。

レベル10とは、その職業における一般的な水準。

つまり、お客さまが「普通だな」と感じるサービスレベルのことです。

重要なことは、この**「普通だな」という感覚が、大多数の人の頭の中に共通認識としてある**ということです。


そして、お客さまの頭の中にあるレベル10を、ほんの少しだけ上回ること。

それがレベル11です。

頭の中に「普通はこういうもの」というレベル10の感覚があるために、ほんの少しの違いでも、お客さまは敏感に感じ取るのです。

私は営業に限らず、すべての職業に、このレベル10とレベル11があると思っています。

そこで、あなたの中にもレベル10の感覚があるということを体験してもらいたいと思います。

家電量販店に、スマートフォンを買いに行くときのことを想像してみてください。

あなたはお客さまです。

重要なのは、**顧客目線になって考える**ということです。

商品を見ていると、店員さんに声をかけられました。

「スマートフォンをお求めですか？」

さて、ここから４つの質問に答えてみてください。

質問その1

“家電量販店の店員さんは、どんなシャツを着ていますか？”

（1）いつもクリーニングの効いた、パリッとしたシャツを着ている

（2）自分でアイロンをかけたくらいの、
もしくは少しヨレッとしたシャツを着ていることがある

質問その**2**

“家電量販店の店員さんの商品知識は、豊富でしょうか？”

（1） 商品に関する知識は豊富で、質問に答えてくれる

（2） 商品知識が乏しく、あまり詳しくない

質問その3

“その店員さんが、商品を説明してくれるときの姿勢は？”

(1) 直立でまっすぐ背筋を伸ばし、足を揃えた姿勢で説明してくれる

(2) 少し体勢を崩した、リラックスした感じで説明してくれる

講演などで「質問1」を問いかけると、ほとんどの人が（2）自分でアイロンをかけたくらいの、もしくは少しヨレッとしたシャツを着ていることがある、に手を挙げます。

「質問2」については、多くの方が（1）の「商品知識は豊富」に挙手されます。

「質問3」に対しては、（2）少し体勢を崩した、リラックスした感じで説明してくれる、に手を挙げます。


すでに、不思議なことが起こっています。

不思議じゃないですか？

みんなが同じお店の、同じ店員さんに、接客を受けたわけでもないのに、多くの人が同じイメージを抱いているのです。

このイメージは、実は、業種によって違うのです。

業種を変えて、同じ質問をしてみましょう。

質問その4

“高級ホテルの
リッツカールトン大阪のドアマンが、
お客さまを迎える姿勢は？”

（1）直立でまっすぐ背筋を伸ばし、足を揃えた姿勢で
出迎えてくれる

（2）少し体勢を崩した、リラックスした感じで出迎えてくれる

どうでしょう、さっきの店員さんと同じイメージでしたか？

おそらく（1）と思った方が多いと思います。講演では、同じ姿勢に関する質問でも、リッツカールトン大阪のドアマンだと、ほとんどの方が（1）に手を挙げます。


では、「質問4」に（1）だと答えたみなさんに質問です。

「実際に、リッツカールトン大阪に行ったことがある人？」

この質問には、ほとんどの人が沈黙するのです。

どういうことでしょうか？

行ったこともなければ見たこともない。それなのにサッと手を挙げるのです。

私自身、実際にドアマンがいるのかどうかも知らないで質問しています。実は、私も、リッツカールトン大阪に行ったことがないからです。それでも、私の中にもみなさんの中にも、同じ「レベル10」があると思って質問しているのです。

そうなんです。「この職業の人は、こういう感じ」と、多くの人々が、さまざまな職業に対して、無意識のうちに、ある特定のイメージを抱いているのです。

お客さまはいつも、あなたに対して「この仕事は、これが普通」と、期待の基準値を頭の中に持ちながら目の前にいるのです。これがレベル10です。

「普通」をほんの少し超えるだけで、心は動く

お客さまの頭の中にある「レベル10」に対して、ほんの少しだけ上回ること。それが「レベル11」です。頭の中にレベル10の強い認識があるために、ほんの少しの違いを、お客さまは敏感に感じ取るのです。

さて、「シャツは少しヨレッとしていて、少し姿勢も崩れ気味、でも商品知識は豊富」な、あの家電量販店の店員さんの話に戻ります。

あなたはお望みの商品を選び、店員さんはあなたを連れてレジ担当にバトンタッチします。通常はそれで、その店員さんとの接点は終わりですよね。

ところが。お会計を済ませて、お店を出ていこうとすると……

「○○様！」

と、どこからともなく、あなたを呼ぶ声がします。

振り返ると、さっきの店員さんが小走りにやってきて、こんなふうに言うのです。

「本日は、数多くあるお店の中から当店をお選びいただき、誠にありがとうございました。○○様にご縁をいただき、私△△が接客させていただきましたが、いかがでしたでしょうか。また、何かご入り用の際は、当店に足を運んでいただいて、○○様とご縁をいただけますと幸いです。本日は誠にありがとうございました」

そして、それはそれはていねいに、お辞儀をするのです。

お店を出てから振り返ると、深々と頭を下げて、あなたが帰るのを見送っています。

「やけにていねいな店員さんだなあ」

そんな気持ちでお店をあとにすると、ふと、あることに気づくのです。

「あれ？　あの店員さん、なんで自分のことを名前で呼んだんだろう？」

接客してもらっているときに名乗った覚えはありません。

「そうか！　あの店員さんは、私を気にかけるだけでなく、レジに寄ってカードのサインや領収証から私の名前を確認して、それで最後に名前で呼んだんだ！」

そんなことに気づくと、私なら、その日会社に戻って、後輩に「今日、こんなことがあってさあ！」と話したくなってしまいます。

これって、**「紹介している」**ということです。

次、何か必要なものが出たときに、つい、その店員さんの顔が浮かんでしまいます。

これって、**「リピートしようとしている」**ということです。


ちょっと考えてみてください。

この店員さんが提供してくれたことは、何でしょうか？

商品を、より良いものにアレンジしてくれたわけではありません。こっそり大幅な値引きをしてくれたわけでもありません。ほかのお店で買っても、おそらく商品の質も値段も、さほど変わらなかったでしょう。

なのに「このお店で買って良かった」と満足している。「またその人から買いたい」と思ってしまう。不思議ですよね。こちらは何も「得」はしてないんです。

その店員さんは、レジ担当にバトンタッチしたあとも、あなたを気にかけていて、帰り際にていねいに感謝を表現した。今まで接してきた店員さんとは、ほんの少し「何か」が違っていた。

たったそれだけのことですが、「普通」をちょっとだけ超えたことをするだけで、お客さまの心を動かした。

これが「レベル11」です。この少しの違いが、お客さまに小さな感動を提供して、やがては大きな差を生んでいくのです。

「やったほうがいいこと」をやってみる

自分が「お客さま」の立場になったときのことを、思い出してみてください。

どこかのお店に入って「このお店、いいな」「また行きたい」と思うときって、意外と、ちょっとした理由だったりしませんか？

「売れる・売れない」や「リピートされる・されない」を決定づけるのは、こんなちょっとした「プラス1」の要素が、大きく影響しているのです。

私たち営業の仕事でも、トップ営業とほかの営業は、何かが大きく違うわけではありません。「レベル10」と「レベル11」の違いがあるだけです。

でも、その「1」の違いが、とても大きな差になってきます。

たとえば、お客さまのオフィスを立ち去る際に、私は必ず、出していただいたコーヒーカップを相手のカップに寄せて帰るようにしています。

なぜ、そんなことをするのだと思いますか？

講演でそう質問をすると、１００％の人がこう答えます。

「片付けやすいように」

答えられなかった人は、今まで一人もいませんでした。

しかし、「じゃあ、みなさんは実際にやっていますか？」と聞くと、沈黙してしまいます。

相手のカップにそっと寄せておく

つまり「なぜそれが良いことか？」は誰もが理解しているけれど、実際にカップを寄せて帰っているかというと、そうではない。

体力を使うわけでもない。カップを寄せることは、とてもささいで、簡単なことです。

まずは、**あたりまえのことをきちんとするだけでも、「この人はちょっと違う」「信頼できる」と感じてくださる人が、たくさんいます。**

なぜなら、ほかの人がやっていないから。それが「プラス１」の差になるのです。

以前、ある方から、会社にご連絡をいただきました。秘書に聞くと、携帯電話の番号とお名前に記憶がありませんでした。だから、私のお客さまではありません。

でも、知らない人からの電話だからといって、放置するわけにはいきません。何か大事な用件かもしれません。

私は外出先にいたのですが、急ぎの用かもしれないので、携帯電話で折り返し電話をしました。しかし、お相手の方は電話に出ませんでした。

そのとき、ふとした考えが頭をよぎりました。

「その方は、おそらく私の携帯電話の番号をご存じないはず。**見覚えのない番号からの電話がかかってきたら、誰からだろう、と不安にさせてしまうかもしれない**」

そこで私は、電話をかけたあとに、左の写真のようなショートメールを送りました。

すると、すぐにその人から電話がかかってきて、ショートメールを送ったことに対して、お礼を言われました（現在は、社内ルールで、お客さまに個人の携帯電話からメールを送ることはできません）。

ちょっとしたことですが、私はこういう積み重ねが大切だと思います。お客さまの立場になって考えれば「やったほうがいいこと」は、あなたの仕事の中にも、たくさんあるはずです。

心がけさえすれば誰でもできる、簡単なこと。だけど、みんなやっていないこと。

それが「レベル11」の行動なのです。

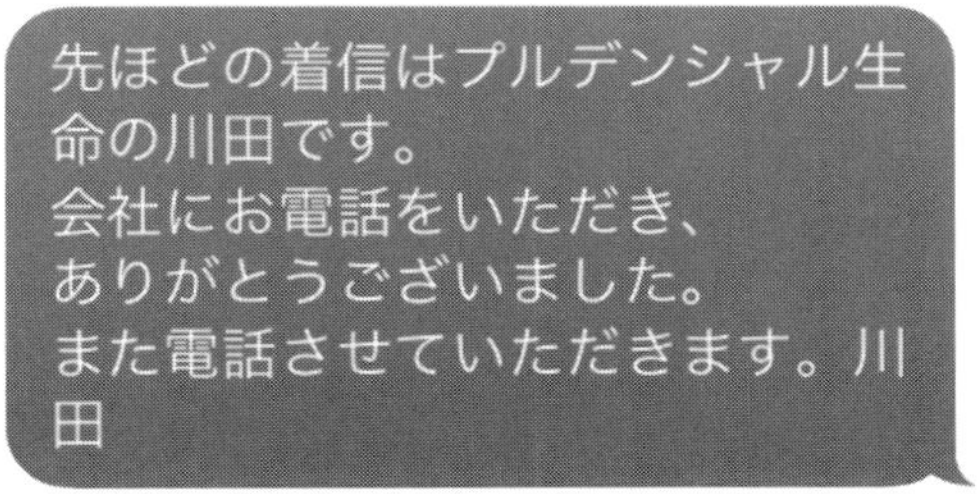
先ほどの着信はプルデンシャル生
命の川田です。
会社にお電話をいただき、
ありがとうございました。
また電話させていただきます。川
田

相手を不安にさせないために

「みんなと同じ」では選ばれない

ここまで読んで、こう思った方がいらっしゃるのではないでしょうか。

「レベル10が〝一般的な水準〟であるなら、別にそれでいいのでは……?」

その職業に対する「期待の基準値」を満たしているのなら、お客さまは特に不満を持つことはないはずです。たしかに、問題はないかもしれません。

でも、それでは「埋もれてしまう」のです。

もっと売れるようになりたい、もっとお客さまに来てほしい、もっと喜んでいただきたいと願うのなら、何か1つ、プラスの要素が必要になってきます。

営業の仕事でいえば、私たちはお客さまにとって「たくさんいる営業の中の一人」でしかありません。どんな職業でも、どんなものでも、それは同じではないでしょうか。たくさんあるお店の中のひとつ、ブランドのひとつ、商品の中のひとつにすぎない。

たとえば、ある大きな会社の社長がいるとしましょう。

社長には、たくさんの業界の営業担当者が訪れます。銀行の営業、証券会社の営業、百貨店や外商の人、自動車のディーラーに旅行会社の担当者。挙げればキリがありません。いろいろな業界のトップ営業が集まってくる。

そこで、考えるんです。あの社長は、別に「私」から買わなくたっていい。社長のために良い商品を持ってくる人は、たくさんいるのだ。

だからこそ「何を、どう判断して、誰から買うんだろう？」と考える。

どの営業も、当然、「いい商品」を持ってきます。

となると、**大事なのは「どんな商品なら買ってもらえるか？」だけではなく、「この人から買いたい」と思ってもらえるかどうか**なのです。

たくさんの営業が「いい商品」を持ってくる中で、「あなたから買いたい」と思ってもらうためには、「普通」の「レベル10」では埋もれてしまうのです。

何かひとつ、突き抜けないといけない。

商品の質や価格に大きな差がある時代なら、自分の商品がいかに優れているか、いかにコストパフォーマンスが良いかを伝えるだけで、よかったかもしれません。

しかし、今は、情報があふれ、商品開発も進み、ほとんどの業種で、**商品や価格で差別化できる時代は終わっています。**

でも、そんな中でも、変わっていないことがあります。

それは、**お客さまは、1つを「選ぶ」**ということです。

無数にあるお店、会社、商品、サービスから、自分の意志で選ぶのです。

だからこそ、心を動かす「何か」を提供する必要があるのです。

まずは自分の職業の「レベル10」を知る

レベル11とは、お客さまの心を少しだけ動かすこと、でした。

言い換えれば、「小さな感動」を生むことです。

「感動」というと大げさに聞こえるかもしれませんが、私が言っているのは「心が強く打たれた」とか「号泣した」とか、そんな大げさな話ではありません。

大きな感動を生もうとすると、ものすごい努力が必要だったり、ものすごく勉強が必要だったり、極端な話をすれば、「センスのある人」しかできないかもしれません。

でも、「小さな感動」なら、少しの心がけがあれば、誰でもできます。

お客さまを最後までお見送りすることも、コーヒーカップを寄せて帰ることも、やろうと思えば、誰でもできることです。

でも、誰もがやっているわけではない。だから、お客さまの心が動くのです。

だとすれば、**レベル11の行動を実践できるようになるためには、まず「自分の職業のレベル10」を知ることから始める必要があります。**

たとえば営業という仕事であれば、きちんとした服装をしていることも、お客さまとのアポイントに遅刻しないのも、あたりまえです。これは「レベル10」です。

だから、私は考えました。

「外資系の営業」には、海外ブランド風のスーツや、派手な色物のシャツ、派手なネクタイ、というイメージがあるようです。


でも、保険の営業というのは、人の生命に関わる仕事です。ですから、「安心」を感じていただくことが、まずは何よりも大切だと思っています。

だったら自分は、あえて、一般的なイメージとは違う落ち着いた服装にしよう。

そう考えて、**スーツは紺、シャツは白しか着ないと決めました。**

時計は黒革のベルトに銀ブチ、白フェイスのものだけにしました。

黒の革靴だけを履き、いつもピカピカに磨いておくようにしています。

アポイントには遅刻しないのが理想ですが、電車が遅れたりして、2~3分遅れてしまうとき、「2、3分ならまあいいか」とすませてしまう人もいるようです。

私は、たとえほんの少しでも遅れるときは、「申し訳ございません。3分ほど遅れてしまいそうです」と、必ず連絡を入れるようにしています。

こんな小さな、あたりまえのようなことでも、徹底して行うと評価していただけることがあることを、私は、今まで何度も経験しています。

実は、靴はお客さまに最も観られています。

お客さまは、観ています。

ただ「見ている」のではなく、**無意識に「観察」**しているのです。

だからこそ、まずは自分の職業における「普通」を認識して、そのうえで、プラスアルファとなる「何か」を考えて「レベル11」をめざす。

そこに生まれる小さな感動を積み重ねていくと、やがて大きな感動になり、「この人から買いたい」「このお店に行きたい」「人にも教えてあげたい」といった「**結果**」につながっていくのです。

私たちは、常に「サービスを提供する側」と「サービスを提供される側」という2つの顔をもっています。「提供される側」にいるときは、生活の中で、日常的に「レベル11」を感じ、**心を**動かされる経験をしています。

でも、「提供する側」の立場になると、それを忘れてしまいがちになるのです。

ここからは、私が「お客さま」の立場で出会った、いくつかの「レベル11」についてお伝えしていきます。

何がお客さまの**心**を動かすのか。そのヒントを感じていただけるはずです。

「印鑑を押した領収書」をどう渡すか？

地方出張があり、ＪＲ東海の車内で精算をしたときに、車掌さんに領収書を出してもらうようお願いしました。

その領収書を受け取って、私は「えっ？」と不思議に思いました。

領収書の下の部分が、折れ曲がっていたのです。

開いてみると、領収書の折れ曲がっていた部分には、印鑑が押してあったのです。

私はそのとき、白いワイシャツを着ていました。印鑑を押したばかりの領収書を胸ポケットにしまったら、朱肉がにじんで、シャツを汚してしまっていたかもしれません。

周りにインクがつかないように、わざわざ折り曲げてくれていたのです。

普通のお店ではよくあることですが、電車の中では、こんな経験は初めてでした。

この車掌さんの気遣いは、私にとって「レベル11」でした。

印鑑の朱肉がつかないように折り曲げてくれている

味噌汁の「おかわり」をどう提供するか？

ある温泉宿に行ったときのことです。

部屋はきれい、食事もおいしい、お風呂も気持ちがいい。申し分のない宿でした。

とはいえ、ある程度の宿泊料の旅館なら、それくらいは、あたりまえですよね。

生意気ですが、あたりまえだと感じる基準、つまりレベル10は上がってしまいます。

そういう意味では、「普通に満足」というのが、私の率直な感想でした。


レベル11を感じたのは、1泊した翌朝のことです。

朝食を食べるために、私はお食事処に行きました。ごはんに味噌汁、焼き魚、煮物といった和食の朝ごはんで、どれもおいしかったです。

特に、味噌汁がとてもおいしかったので、私はおかわりを頼みました。

しばらくして、仲居さんが笑顔で2杯目の味噌汁を持ってきてくれました。

お椀のフタを開けると……あれ、さっきと具が違う？

2杯目の具が、1杯目と違っている!

1杯目はわかめの味噌汁でしたが、2杯目は布海苔の味噌汁だったのです。

おかわりに違う具の味噌汁を出す温泉宿は、あまりないのではないでしょうか。

この瞬間、この宿に対する私の印象は「普通に満足」から「さすが」に変わりました。

温泉宿では、味噌汁のおかわりができるのは普通ですが、おかわりで違う具の味噌汁を出すことは、普通ではありません。

そういう、「普通」を越える何かが、お店や会社のイメージを一気に変えたりするのです。

「どこかのんびりできる宿に行きたいんだけど、おすすめある？」と聞かれたら、その人の好みにもよりますが、１つの候補として、私の頭の中にはこの宿が浮かびます。

朝食のスクランブルエッグを、より美味しく食べてもらう工夫

もう1つ、印象に残っている「朝食のレベル11」があります。

フランス旅行をしたとき、宿泊したホテルの朝食バイキングに行きました。

ホテルの朝食バイキングでは、必ずといっていいほど、スクランブルエッグが並んで

いますよね。では、スクランブルエッグが入っている「器」がどのようなものかは、覚えていますか？

多くのホテルでは、フタがついた大きな器に盛られていて、そのフタを開けて、中に入ったスクランブルエッグを取り分けるようになっていますよね。

あのフタがついているのは、ホコリが入らないため、あるいは、卵が冷めてしまったり、表面が乾いてしまわないように、保温・保湿するためでしょう。

フランスといえば、パンの本場です。おいしいパンと一緒にスクランブルエッグを食べようと、あの大きな器を探したのですが、見つかりません。

「あれ、おかしいな。フランスではスクランブルエッグを食べないのかな……」

そう思いながら周囲を見渡してみると、何やら「黄色いもの」が入った小さな瓶を持って歩いている人がたくさんいます。「なんだろう、あれ？」

その人たちを目で追っていくと、レストランの一角に保温庫が置かれていました。

中を覗いてみると、黄色いものが入った小さな瓶が並んでいます。

そうなんです、それがスクランブルエッグでした。

このホテルのスクランブルエッグは、一人前ずつ瓶に入っていたのです。

その瓶は、しっかりとフタがしてある状態で保温庫に入られていて、食べたいお客さまが瓶ごと席に持っていって食べるようになっていました。

これなら、よくある、表面だけ乾燥してしまうようなこともありません。

大きな器に盛っているスタイルでも、私はそれまで特に不満を感じたことはありませんでした。

でも考えてみると、大きな器に盛ってあると、多くの人が取り分けるうち、スクランブルエッグがぐちゃぐちゃの状態になっていたりします。料理は見た目も大切です。

その点、この瓶入りのスクランブルエッグなら、味だけでなく、見た目や衛生面の不安も解決できます。

このスクランブルエッグをお皿に盛って食べてみると、まるでつくりたてのように温かく、しっとりした状態でキープされていて、とてもおいしかったです。

「なるほど、こんな方法もあるんだ……！」

味はもちろん、そのこだわりに、私はこのホテルの「レベル11」を感じました。

「瓶入りのスクランブルエッグ」に込められた意味

①保湿と保温のため
②別の人が取り分けて形が崩れないようにするため
③衛生面の不安を感じる人への配慮

「どうしたら、もっと多くのお客さまに喜んでいただけるのか？」

「もっといい方法はないか？」

それを考えた末に、このようなアイデアが生まれたのだと思います。

アイスコーヒーをどのグラスに入れるか？

レベル11というと、いつも素敵で美しく、気が利いていることばかりかというと、必ずしもそうでないものがあります。

次の事例は、ここまで挙げてきたものとは違う「レベル11」です。

左の写真を見てください。これ、何だと思いますか？

六本木の裏通りを入ったところに、ある中華料理屋さんがあります。

中国人の店主が経営するそのお店は、非常に雑然としていて、いつも店員の大きな話し声が飛び交っている、とても庶民的なお店です。

この飲み物、何だと思いますか？

料理がすごく早くでてきて、しかもおいしい。値段もそれほど高くないので、近くに行く機会があるとよく寄っています。


初めてこのお店に行ったときに驚いたのは、飲み物を注文したときでした。

アイスコーヒーを注文したら、前ページの写真のようなものが出てきたのです。

グラスに、ビール会社のロゴが入っています。もちろん、中身はビールじゃなくてアイスコーヒーです。


私は、このグラスにも「レベル11」を感じました。

おもしろいから、ではありません。

とても「このお店らしい」からです。

高級レストランだったり、おしゃれなカフェだったら、ビールグラスにアイスコーヒーを入れるなんて、絶対にありえないことでしょう。

しかし、このお店はそうではありません。

「安くておいしい料理を素早く提供すること」を何よりも大事にしていて、それ以外には、余計なお金も気も遣わない。

そんなお店の姿勢が、ビールグラスのアイスコーヒーから感じられたのです。

レベル11は、とにかく変わったことを追求しなくてはいけない、ということではないのです。

その職業、そのお店、その会社、その商品「らしさ」を追求していったうえで、自分には何ができるかを考えることなのです。

本当に大事なこと以外は、いっさい気にかけない。

そんな考え方も、潔くて、素晴らしいと思います。

だからこのお店は、いつも多くのお客さんでにぎわっているのだと思います。

ゴルフのキャディが「ふつう、やらないこと」

東京の小平市に、小金井カントリー倶楽部というゴルフ場があります。1937年にオープンした、80年以上の歴史を持つ名門コースです。

ここは、日本で最も会員権が高いゴルフ場の1つと言われていて、1980年代後半のバブル全盛期には、3億円の値がついたこともあったそうです。

そんな値段も格式も高いゴルフ場ですから、政治家や日本を代表する企業の経営者がメンバーになっています。メンバーと一緒ならビジターもプレーできますが、35歳未満は原則としてプレーできないなど、とにかく敷居の高いゴルフ場なのです。

あるとき、このゴルフ場でプレーをさせてもらう機会がありました。

コースはもちろん、メンバーの服装やマナー、食事、お風呂など、やっぱり一流コースは違うなぁ、と感じることがたくさんありました。

でも、私が最も感動したのは、ゴルフが終わった後のことでした。

自宅に帰ってきて荷物を片付けようとすると、ゴルフバッグのタグをつける輪っかの部分に、見覚えのない袋がついていました。

「なんだろう？」

不思議に思って袋を開けてみると、中にはカードが入っていました。

そこには、このようなことが書かれていたのです。

川田修　様

本日はご来場いただきまして、ありがとうございます。
お楽しみいただけたのならば幸いです。
また小金井カントリー倶楽部に行きたいと思っていただけますよう、
日々、勉強してまいります。
またのご来場を、心よりお待ちしています。

それは、その日、一緒にコースを回ったキャディさんからの**手書きの手紙**でした。

私はこれまで約20年間、何百回もゴルフに行っていますが、キャディさんから直筆の手紙をいただいたのは初めてでした。

「そんなことをしなくても、小金井カントリー倶楽部でゴルフがしたいと思う人はいくらでもいるだろうに……」。とっさに、そんなことを考えてしまいました。

でも、違うんですよね。そんなことまで気を遣うから、「小金井カントリー倶楽部でゴルフがしたい！」と思われるようなゴルフ場であり続けられるんですね。

営業の仕事でも、打合せの時間を取ってくださったお客さま、ご契約をいただいたお客さまにお礼の手紙を書くことがあります。けれど私は「ゴルフ場のキャディさんは手紙なんて書かないもの」と思い込んでいました。だからこそ、余計に感動したのです。

その職業のイメージとは、ほんの少し違う「何か」によって、お客さまの心を動かす。

異業種から学び、積極的に取り入れることは、成功への近道かもしれません。

第3章

Chapter 3

「先味《さきあじ》」「中味《なかあじ》」「後味《あとあじ》」

――お客さまの心を動かす3つのステージ

**物語に「起承転結」があるように、
レベル11を提供するときにも、「流れ」のようなものがあります。
ご自身のお仕事やサービスに当てはめながら、読んでみてください。**

お客さまの心を動かす「3つの味」

私が営業活動でいつも意識している2つの考え方。

その1つが、前章までに説明してきた「レベル11」です。

レベル11とは、ある職業について持っているイメージをほんの少し超えることで、お客さまの心を動かすこと。そうお伝えしました。

第3章では、もう1つの考え方についてお伝えします。

ここまで、私自身が「お客さま」の立場で体験してきたレベル11の事例を、いくつか紹介してきました。そのすべての事例に、共通していることがあります。

2本の松の葉、体重計のカバー、緩衝材に包まれた手提げ袋、写真が添えられたお礼状、2つ折りの領収書、2杯目の味噌汁、瓶入りのスクランブルエッグ、ビールグラスに注がれたアイスコーヒー、キャディさんからの手紙……。

お気づきでしょうか。

どれも、**「商品以外」の要素**なのです。

商品の質や価格で差別化できる時代が終わった今、私たちとお客さまを結んでいるものは、商品や価格だけではありません。お客さまは、商品以外のその空間にあるすべてを、敏感に感じ取っているのです。

そして、**お客さまの心が動くタイミングは、時系列に沿った3つのステージに分かれているのです。**その3つのステージを、私は「先味」「中味」「後味」と呼んでいます。

私は、この世にあるすべての消費活動が、この3つの「味」の評価によって行なわれていると考えています。

お客さまは、この3つの「味」を順番に味わって、「そこで買うか」「もう一度行くか」、営業などの接客業なら「その人を信用するかどうか」までを判断しているのです。

つまり、3つの味に、より多くのレベル11を感じたときに、お客さまは、もう一度行きたくなったり、誰かにおすすめしたくなったりするのです。

私は、営業の現場においてのお客さまとの関わりを、左図のような掛け合わせで考えるようにしています。そして、私自身が「お客さま」の立場になったときも、この視点を持って商品やサービスを観るようにしています。

つまり、**先味、中味、後味、3つのタイミングのすべてにおいて、レベル11を実践されているかどうかを観察する**のです。

では、先味・中味・後味とは、どのタイミングのことなのか？

私はラーメンが大好きなので、ラーメン屋さんの例で説明させていただきます。

私は携帯のラーメンサイトに登録していて、営業でいろいろな場所に行っては、地元のおいしいラーメン屋さんを調べています。その地域で評判になっているお店を探して、実際に食べに行くのです。

地図を見ながら進んでいくと、住宅街の狭い路地に入ったりします。本当にこんなところにお店があるのかな……。なぜか不安よりも期待が膨らんでいます。

「おっ！　あった、あった」

お店の佇《たたず》まいがちょっと古かったりすると、さらに期待度がアップします。

「微差」が大差を生む

	先味《さきあじ》	中味《なかあじ》	後味《あとあじ》
レベル11	小さな感動を生み出すサービス		
レベル10	普通のサービス		

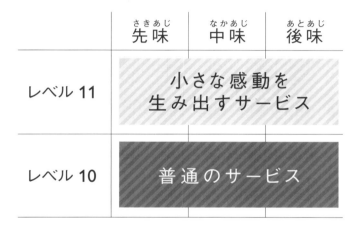

しかも、お昼時をちょっと外した時間なのに、外に3、4人並んでいる……。

すでに、ちょっとおいしそうな感じがしてきませんか？

お店の中を外からちょっと覗いたりすると、メニューはたったひとつ。古い木の板に「ラーメン」とだけ書いてあります。

味噌とか、とんこつ醤油とか、他の味はなくて、餃子もチャーハンも出していません。

「おお〜っ！」さらに期待が膨らんできます。

まだ食べてないのに、おいしそうな感じがして「これはアポイントを少しずらしてでも食べたいなあ」なんて気持ちになってしまいます。


さて、私の順番が来て、「ラーメン1つください」と頼んで、席に座ります。

カウンターの中では、おじさんが黙々と、ひたすらラーメンをつくっています。

着ているTシャツは、くたびれた感じ。こだわりの職人のような雰囲気を醸し出しています。もうこれは絶対においしい！　そんな気持ちになってきます。

……あれ？　でも、私はまだ何も食べていませんよね。

なのに、もう「おいしい！」と感じています。

商品を手に取る前の段階で、すでに気持ちができあがっている。

この、**商品やサービスを購入する前、直接のコンタクトを取る前に感じる味。**

これが「先味」です。先味が、商品への期待感を高めるのです。

そして、実際にラーメンを食べます。スープ、おいしい。麺、おいしい。具、おいしい。これが一番大事なことは言うまでもありません。結局、まずかったらダメですよね。

でも、**期待感が高まっていると、実際よりもおいしいと感じてしまったりするものです。**これが「先味」のプラス効果です。

当然、一番大切なのは、商品のよし悪しです。

しかし、商品に接しているときも、大切なものは商品だけではありません。

スープを飲むレンゲがいつもきれいに置かれていたり、コップの水がなくなったら、こちらからお願いする前にサッと水が注がれたり、女性が髪を束ねるためのヘアゴムが置いてあったり、店員さんの対応が元気で気持ちが良かったり……。

そういうことも、食べている間に、味を引き立てていると思うのです。

商品そのものを味わっている以外にも、自然とその評価を上げたり下げたりする要素がある。これが「中味」です。

「やっぱり来て良かった。ふぅ～、ごちそうさまでした」

私は満足げにお店を後にしようとします。

ここからが「後味」です。

丼をカウンターに上げて帰ろうとしたら、黙々とラーメンをつくっていたおじさんが言いました。

「ありがとうございます。また来てください」

私は、ちょっと不思議に思います。

「自分に言ったのかな？　他のお客さんには別に何も言ってなかったのに……」

そう思って帰っていきます。

そして後日、ガイドブックの紹介文なんかを読んで、こんなことを知るのです。

「このラーメン店の店主は、初めて来たお客さんなのか、2回目以降のお客さんなのか、すべて覚えている。初めてのお客さんにだけ『また来てください』と声をかけるのだ」

「おおおっ！」

私は身震いしてしまいます。これはもう、ラーメンの味とは全然関係ないですよね。

これが「後味」なんです。

そして後日、「この前、ラーメン食べに行ったんだけどさ、そのお店がさあ……」なんて、周りのみんなに話しちゃったりします。

人に紹介しているのです。頼まれてもいないのに、勝手に宣伝しているんです。

そのとき人に話すことは、ラーメンそのものの美味しさよりも、むしろ1つしかメニューがないことや独特の店構え、店主さんが初めて訪れた人にだけ声をかけることなどになってしまいます。

つまり、**先味、中味、後味で感じたレベル11の話を、人に伝えたくなる**のです。

このように、私たちは、無意識のうちに3つの味を評価しながら、「また行きたい！」「人に伝えたい！」と思っています。

松の葉、靴が温かかったこと、2つ折りの領収書などもすべて、「商品以外」のところで、私の心は動かされました。

売れる人や売れるお店は、ほかと同じ商品を売っていても、商品以外の「3つの味」の味付けをおいしくすることに長《た》けているから、選ばれるのです。

商品「だけ」を売っても、選ばれない

「先味・中味・後味」というフレーズは、私が考え出したものではありません。

私が社会人2年目の頃、モスバーガーを運営しているモスフードサービスの企画部長さんの講演を聞く機会に恵まれました。そこで、こんな話を聞いたのです。

「モスバーガーは、ハンバーガーだけを売っているわけではありません。3つの味を提供しているのです。ハンバーガーを食べるために、お客さまが店内にいらっしゃる時間が中味だとしたら、その前に先味というものがあります」

モスバーガーの店頭には黒板が置かれ、チョークを使って手書きでいろいろなコメントが書いてありますよね。

今ではそういうことをしているお店はたくさんありますが、当時は珍しかったのです。企画部長さんは、それを「先味」として紹介していました。

モスバーガーでは、床がピカピカに磨かれています。それは、お客さまが店内に入っ

て来られたときに気持ちいいと感じていただくための「先味」です。

そして、店内に入った瞬間からが「中味」です。それは商品の味だけでなく、接客している人の声や笑顔などを含めた店内の雰囲気です。

「後味」は、たとえば商品を渡すとき。小さなお子さんに渡すときは、カウンターの外まで出て、お子さんの目線に合わせるように、低くしゃがんで渡すそうです。

「ありがとうございました！」と、スタッフ全員であいさつしてお見送りすることも「後味」だとおっしゃっていました。


この話がとても印象に残っていて、私は自分の仕事にも「先味・中味・後味」という考え方を活かそうと思いました。

ほかの営業とは、ほんの少し違う「何か」を実現していくためです。

それを長年続けているうちに、いつのまにか自分に身について、まるでオリジナルのように話すようになったというわけです。

先味・中味・後味が、あなたのファンをつくる

先味・中味・後味という「3つの味」について、もう一度、整理しておきましょう。

お客さまは、単に商品やサービスそのものだけでなく「先味」「中味」「後味」という3つの味を味わって、購入するかどうか、満足したかどうかを判断しています。

そして、その3つの味のどこかに、小さな感動を覚えたときに、リピートしたり、たくさんの人に紹介したくなったりするのです。

先味＝商品やサービスに触れる前に感じるもの

お店に入ったり、商品を買ったり、商品の説明をする前。

つまり商品やサービスに触れる前に、お客さまが感じるものです。

商品と接する前、お客さまは、少し緊張しています。

「このお店はおいしいのかな？」

「この商品は買うべきなのかな？」

「この営業マンは信頼できるのかな？」

そんなふうに、期待もしているけれど、少し疑ってもいる状態です。

相手が私のような営業の場合ならば、

「どうせまた同じ話なんだろう」

「うまいこと言われても、ちゃんと判断しよう」

「だまされないようにしよう」

お客さまは、そんなことを思っている場合も、決して少なくありません。

そんなときに、

「この人の話は真剣に聞こう」

「この人は信用できそうだ」

「期待以上のものが手に入るかもしれない」

そう思っていただくための「何か」が、先味です。

中味＝商品やサービスそのものに触れているときに感じているもの

商品自体や商品説明、お店に入ったときや料理を食べたときに感じる味です。

先味が良ければ、お客さまもポジティブになっているかもしれません。

当然、一番大切なのは商品です。

商品は、お客さまの問題を解決できるものでなければいけません。

お客さまを満足させるものでなければいけません。

でも、**商品の魅力を気持ちよく、ストレスなく感じてもらうために**、ちょっとした工夫をするのです。お客さまは、どんなことを求めているのか、何をしたらもっと喜んでいただけるのか、何かもっとできることはないか、徹底的に考えてみるのです。

値段も大切な要素ですが、それだけではお客さまの心を動かすことはできません。

「お客さまはどんなことに満足感を感じるのか」を、真剣に考えなくてはいけません。

それが「中味」の大切なポイントです。

後味＝商品の魅力を味わった後に感じるもの

営業の仕事でいえば、先味も中味もお客さまに「おいしい」と満足を感じてもらえたなら、お客さまはその商品を買ってくれたり、もしくはとても前向きに検討する気持ちになっているはずです。

お店の場合だったら、先味も中味も良かったら「来てよかった！」「また来よう！」「人に紹介しよう！」という気持ちになっているはずです。

そこから先、商品の魅力を味わった後に感じる味が、後味です。

さらに後味をどう提供できるかによって、満足感の高さが変わってきます。

自分がつくった後味で満足感を高めることができたなら、お客さまは、あなたやお店のファンになってくれます。それは商品だけではない、あなた自身への評価です。

先味でものすごく良い印象を受けたり、後味で強烈なインパクトを残すだけでも、お客さまは「また行きたい」と思ってくれるかもしれません。

でも、理想的には、先味・中味・後味すべてにおいてレベル11を実践することです。

ここからは、私が体験した実際の出来事で、先味・中味・後味3つの味のすべてで見事にレベル11を実践している事例を、いくつかご紹介したいと思います。

「先味・中味・後味×レベル11」

事例その1 「大阪の老舗ホテル」

【先味】 部屋に入ってくるポーターさんが……

大阪で講演があったとき、私は初めて帝国ホテル大阪に泊まりました。

帝国ホテルは日本を代表する高級ホテルです。ホテルオークラ、ニューオータニとともに「御三家」と呼ばれることもあります。

「超一流ホテルのサービスって、どういうものなんだろう？」

営業という仕事は、究極の接客業でありサービス業だと考えている私には、非常に興味がありました。

ホテルに到着すると、エントランスは季節の花で彩られていました。

ドアマンをはじめ、すべてのスタッフが気持ちの良い挨拶で出迎えてくれます。

チェックインを終えると、ポーターさんが荷物を持って部屋まで案内してくれました。

落ち着いたデザインの室内も、やはり洗練された雰囲気が漂っています。

「さすがだなあ」

感心しながら部屋を眺めていたのですが、ふと鏡を見て「まずい！」と焦りました。新幹線に乗ってきたので、ズボンがシワクチャになっていたのです。

こんな格好では、講演に出られません。そこで、荷物を置いてくれたポーターさんに「ズボンプレッサーを貸していただけますか？」とお願いしました。

しばらくして、チャイムが鳴りました。ポーターさんがズボンプレッサーを持ってきてくれたのでしょう。私はドアを開けました。

すると、そのポーターさんは、なんと、ドアの前で、靴を脱いで部屋に入ってきたのです。最初に部屋を案内してくれたときは、靴を脱いではいませんでした。

案内が終わって部屋を出た瞬間から、部屋は「お客さまのための空間」である、ということなのでしょう。

だから、お客さまの空間には、土足で入らない。ものすごい心がけです。チェックインしてから10分も経たないうちに、私の心は大きく惹かれてしまいました。

これが帝国ホテル大阪の「先味」でした。私の期待感は、さらに大きく膨らみます。

【中味】　洗面台の椅子に……

しばらく部屋ですごしてから、手を洗うために洗面所に向かいました。そこには椅子が置いてあります。でも、普通の椅子ではありませんでした。椅子の座面に、タオル地のカバーがかけられていたのです。

7ページでご紹介したホテルオークラの体重計カバーにも驚きましたが、今度は椅子。でも、部屋を見渡してみると、ほかの椅子にはカバーがかけられていません。

「どうして洗面台の椅子にだけ、カバーがかけられているんだろう？」

考えてみると、謎が解けてきました。洗面台で椅子を使うのは、主にどんなときでしょうか。それは、お風呂上がりなんです。つまり、裸のこともあるのです。

革張りの椅子に直接座ると、ひんやり冷たく感じるものです。でもタオル地のカバーがかけてあれば、バスタオルを巻いて座るのと同じ感触を得られます。

そして、**誰かが裸で座った椅子に、抵抗感を持つ人もいるかもしれません**。清掃しているとわかっていても、気にする人もいるでしょう。そこを想像しているのです。

その夜、風呂上がりに椅子に座ってみました。素肌に触れるタオル地の感触がとても気持ちいい。お客さまへの徹底した心遣い。これが帝国ホテル大阪の「中味」でした。

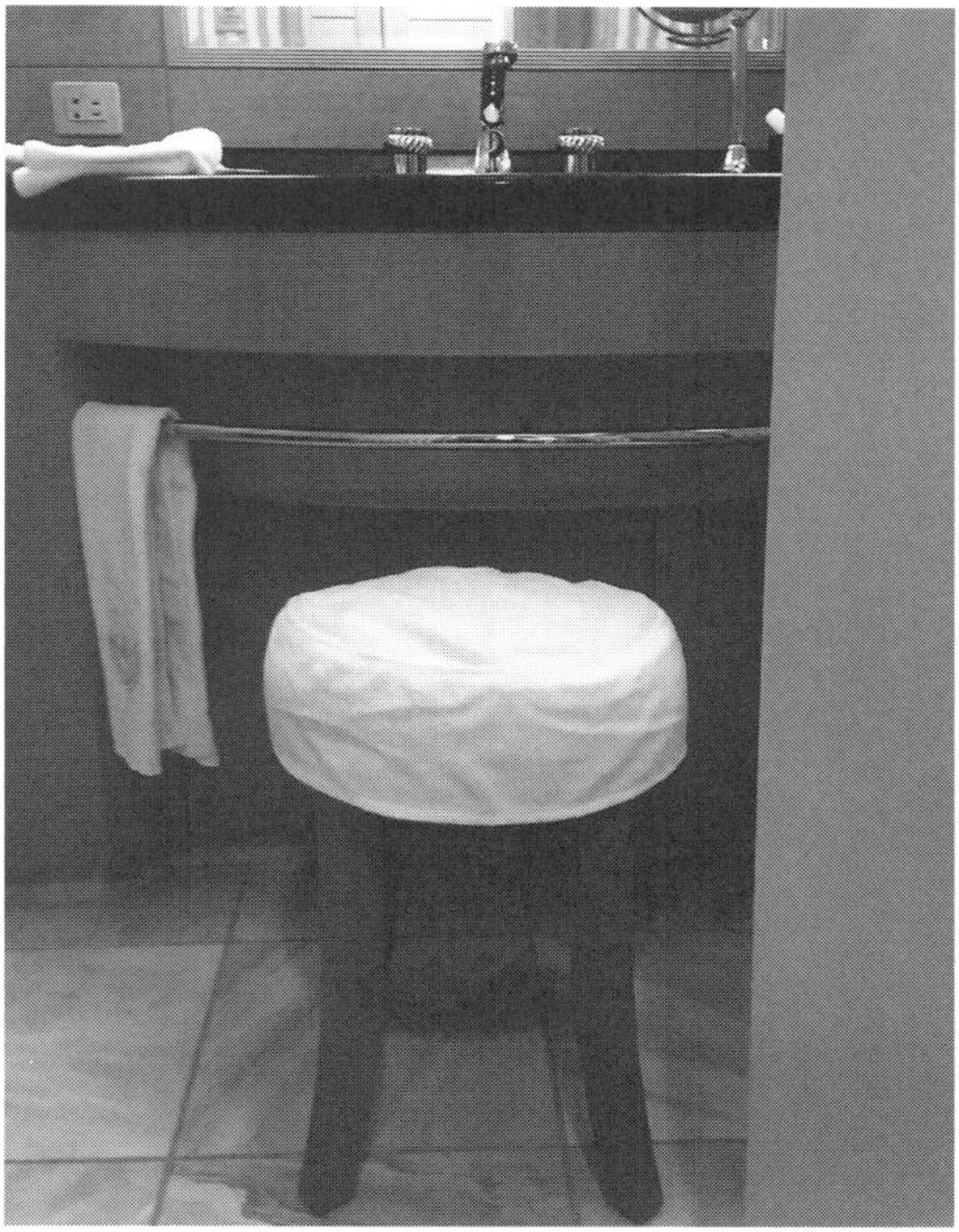

洗面所の椅子カバーに込められた意味

①お風呂上がりの素肌で座っても心地よい感触が得られるように
②他人が素肌で座ったかもしれない椅子に対する抵抗感をなくすため

【後味】 ドアが閉まっているのに……

翌朝、チェックアウトして講演に向かうために部屋を出ました。

廊下を歩いていると、ひとりの女性スタッフが、ほかのお客さまの部屋から出てくる姿が見えました。何かの用事で呼ばれたのでしょう。

「失礼いたします」。そう言って、彼女はそのお客さまにお辞儀をして部屋を出ました。

私が惹かれたのは、そのあとでした。

ドアが閉まったあとに、もう一度、深々とお辞儀をしたのです。

当然、お辞儀をしている姿はお客さまには見えません。

それでも、ずっとお辞儀を続けていたのです。


私も、お辞儀には少々こだわりがあります。

子どもの頃、父の会社に行くことがたびたびありました。父は従業員10名くらいの、決してきれいとは言えない小さな工場を経営していました。

そこに出入りするお客さまに対して、父はいつも深くて長いお辞儀をしていました。小さい頃の私は、その姿を見るたびに嫌な気持ちになっていました。

「かっこ悪いなぁ……。なんで親父は、いつもあんなにペコペコしているんだろう。俺は絶対にあんな大人にはならないぞ！」

でも、そのかっこ悪いお辞儀のおかげで、私は大学まで出させてもらい、社会人になり現在に至っているのです。今では、当時の父の気持ちがよくわかります。

父は、ペコペコしていたわけではありませんでした。

数多くある取引先の中から選んでいただき、ご縁をいただいていること。

それによって社員や家族の生活が成り立っていることに、感謝していたのです。

小さい頃の私は、そんなこともわからないでいました。

だから今は、私も、深くて長いお辞儀をするように**心**がけています。

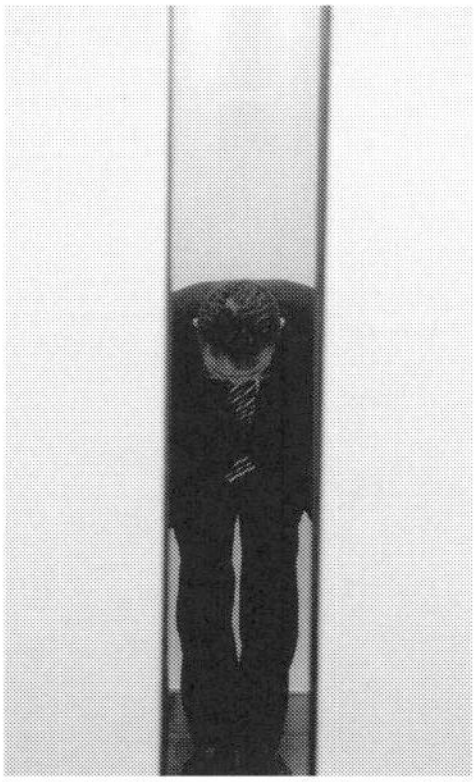

エレベーターが閉まるまで、深々とお辞儀

お客さまをお見送りしたあとは、エレベーターが閉まるまで、深々と頭を下げ続けるようにしています。

けれども、このホテルのスタッフは、ドアが閉まったあとに、再度、お辞儀をしていました。私は、その姿に深い感銘を受けました。

これが私にとっての、帝国ホテル大阪の「後味」でした。

この女性スタッフの深くて長いお辞儀は、当然、私に向けられたものではありません。私は遠くから見ていただけです。だからこそ、より強く印象に残ったのです。

第1章で「お客さまは観ている」と書きましたが、それはまさにこういうことです。

お客さまが観ているのは、自分と直に接するスタッフだけではありません。**お客さまは、そのお店や会社の、あらゆるスタッフを無意識に観察し、そのうえで、信頼できるかどうかを判断しているのです。**

帝国ホテル大阪は、すべてのスタッフがお客さまに対する礼を尽くしていました。

「先味・中味・後味×レベル11」

事例その2 「白金の小料理屋」

【先味】 入口の看板の「ひと言」

東京・白金の住宅街に、民家を改装した小料理屋さんがありました（今はもう閉店しています）。

ご夫婦が二人で経営されている、いわゆる隠れ家的なお店でした。

私のお客さまが「このお店、大好きなの」と惚れ込んでいるお店で、ご一緒させていただけることになりました。どんなお店なのか、期待が膨らみます。

当日、地図を見ながら歩いていくと、それらしいお店がなかなか見つかりません。

「どこにあるのかな？」

だんだん不安になってきましたが、たしかにありました。ありましたが……。

「えっ、ここ？」

外からは店内の様子がまったく見えません。

お店であることは想像がつきますが、一見《いちげん》さんが気軽に入れるような雰囲気ではなく、扉を開けるのにも、ちょっと勇気が必要な感じです。

扉の横を見ると、看板が出ていました。


「お気軽にお声掛け下さいませ　営業いたしております」


不思議なもので、このひと言で、入りにくい雰囲気が払拭《ふっしょく》されました。

しかも、お客さまに親しみを持っていただこうとする、お店の人の誠実そうな人柄が伝わってきます。

この看板を見て、お店に対する印象が一気に変わりました。

看板は、お店にとっての「自己紹介」です。

言葉遣いひとつで、印象がガラッと変わるものです。

よくある「営業中」とか「商い中」という看板しか出ていなかったら、「どんな店なんだろう。ちょっと、やっぱりやめておこうかな」と、入るのを躊躇《ちゅうちょ》してしまうお客さまもいると思います。

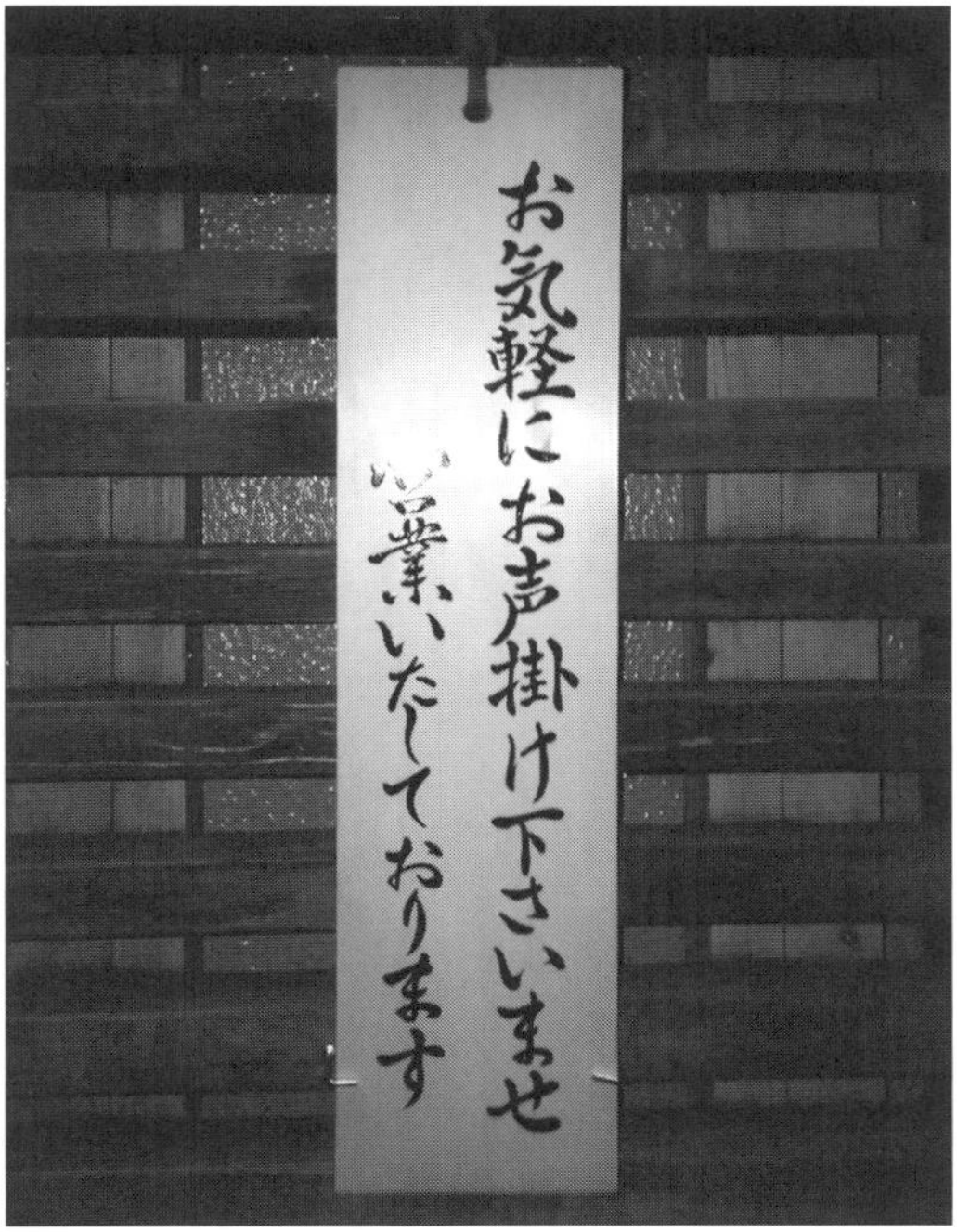

お客さまに対するていねいな姿勢が伝わる看板

でも、**この看板を見れば「ていねいなお店だな」と安心できます。**

お店の外観とのギャップも相まって、期待がますます膨らんできました。

看板のたったひと言で、お客さまの緊張や警戒心を解く、見事な「先味」です。

【中味】 タンシチューのあとで

お店に入ってみると、女将さんが厨房で料理をつくり、旦那さんがワインやお酒などのドリンクをサーブしているアットホームな中にも、凛とした空気を感じるお店でした。

家庭料理のコースを頼むと、どれもやさしい味でおいしかったです。

中でも格別だったのが「タンシチュー」でした。大満足して食べ終わると、器がすっと下げられました。

そして、なぜかお箸も一緒に下げられて、新しいお箸が並べられたのです。

「あれ、器はともかく、なんでお箸まで……？」

別にお箸を落としたわけではありません。フォークやスプーンに替えられたわけでもありません。不思議に思いましたが、しばらくして、私は気づきました。

コースは和食が中心だったので、それまでの料理では、お箸に色がつくことはありませんでした。

でも、タンシチューは違います。味が強く、お箸にシチューの色がはっきりとついてしまいます。

タンシチューに色がついたお箸でその後も食事を続けたら、お客さまにとって決して気分のいいものではないだろう。

お店の人は、きっとそう想像されたのでしょう。

箸を替えたからといって、料理そのものの味が大きく変わるわけではありません。

でも、私は、新しい箸が並べられた瞬間、次の料理がとても楽しみになりました。

私にとっては、最高の中味だったのです。

【後味】 徹底した「トイレ掃除」

食事が終わり、帰り際にトイレに行こうと思って席を立ちました。

すると、旦那さんが私を制しました。

「お手洗いですか？　すみません、少々お待ちください」

それほど広くないお店です。お手洗いに人が入っているかどうかはすぐにわかります。ほんの少し前に出てきた人を見たから、私は席を立ったのです。

どうして待たなくてはいけないのか、理由がわかりませんでした。

「え、でも、誰も入ってないですよね？」

そう言って、トイレのほうに目を向けると……。

中からスタッフの若い方が出てくるのが見えました。


その後、私がトイレに入ってみると、ティッシュがきれいになっているだけでなく、洗面台のシンクまで水滴1つありませんでした。

トイレを出て、私は、旦那さんに聞きました。

「もしかして、毎回毎回、お掃除をしているのですか？」

「ええ。**お客さまが入られたら、必ず掃除しているんです**」

旦那さんは、さも当然そうに言いました。

そして、トイレ掃除をしたスタッフの若い方にも声をかけました。

「ダイスケ、ありがとな」

お客さまのために、そこまで徹底的にトイレをきれいにする。

しかも若いスタッフに、自然に感謝の言葉が出る。

看板の「先味」から始まり、お箸まで気遣う「中味」、そして帰り際の「後味」まで、このご夫婦がつくりだすお店の空気感に、私はすっかり魅了されていました。

私がいただいたのは、料理だけでなく「小さな感動」のフルコースでした。

私が実践している「ちょっとしたこと」

3つの味がすべて揃った最後の事例として、恥ずかしながら、私が意識してやっていることを、ご紹介させていただきます。

【先味】かばんはハンカチの上に置く

保険営業の仕事では、お客さまの家に行く機会が多くあります。

「失礼します」。玄関で靴を脱ぐと、リビングや応接室などに通していただきます。

ほとんどの営業は、部屋に入ると、持っていた営業かばんを床に置きます。

しかし、私はそのまま置くことはしません。

ちょっと、時間を戻して考えてみましょう。

たとえば、駅のホームを出たとたんに携帯が鳴って、重要な電話がかかってきました。急いで電話を取ります。メモを取る必要がある場合、持っている営業かばんはどこに置くでしょうか？　地面に置きますよね。足の間に挟んだりして。

次のアポまでの間、カフェに立ち寄ったら、かばんはやっぱり床に置きます。

そうなんです、営業かばんというのは、実は「靴の底」と同じなんです。**営業かばんを持って入ってそのまま床に置くというのは、お客さまのご自宅に土足で入っていくのと同じこと**なのです。

だから私は、営業かばんを直に床の上には置きません。営業かばんには必ず、白いハンカチを入れておきます。客室にご案内いただいたら、ハンカチを取り出し、それを自分の座るそばに敷いて、その上にかばんを置くようにしているのです。

かばんは、さりげなく
ハンカチの上に置く

すると、ほとんどのお客さまが、びっくりした顔をされて、こうおっしゃいます。

「そんなことまでしなくてていいですよ！」

この言葉には、深い意味が２つあります。

まず１つは「そこまで気を遣ってくれる営業の人に、今まで会ったことがありません」という意味です。

そして、２つ目が重要なのです。

それは、**「お客さまは、本当はかばんの底は汚いと思っている」**ということです。もしそうでなければ、「なぜ、そんなことをするのですか？」と聞くはずです。

私は、お客さまになっていただいた方々に「どうしてお客さまになっていただけたんですか？」と必ずお聞きするようにしています。

すると「川田さん、うちに来たときにハンカチを敷いてかばんを置きましたよね。そのときに『この人なら……』と思ったんです」。そんなふうに言っていただけることも、たくさんあるのです。

それがいつしか人づてに伝わって、出版社の人から声をかけていただくことになりました。私の初めての著書『かばんはハンカチの上に置きなさい』は、こうして出版されることになったのです。

営業かばんを、ハンカチの上に置く。この小さな工夫を始めてから、お客さまに「**川田さんのお客さんになりたい**」と言っていただく機会が増えたように思います。

お客さまにとっても気持ち良く、自分自身も営業として一目置いていただけるならば、どちらにとっても嬉しいことなのではないでしょうか。

【中味】 必要のない商品を売らない

営業をするうえで一番大切なものといえば、当然「商品」です。商品はお客さまの問題を解決したり、喜びを与えたり、満足していただけるものでなくてはいけません。でも、お客さまの満足を生み出すものは、商品だけではありません。

あるお客さまから、後輩の方をご紹介いただいたときのことです。その後輩の方は、先輩からの紹介ということで、快く会ってくださいました。しかも……。

「今入っている保険も、もともとお付き合いで入ったものなので、内容もよくわかってないんですよね。だから、川田さんから入り直します。先輩の紹介でもありますし」

そう言って、私がご案内する前から、保険に加入される気も満々でした。

正直なところ、嬉しかったです。でも、まずはいろいろなお話をお聞きしました。

家族構成、お子さんや奥さまの年齢、自分に何かあったときにはどんなお金とどんな思いを残してあげたいのか、奥さまは働くことができるのか、会社はどのくらいの福利厚生を用意してくれているか、遺族年金は……さまざまな角度からお話を伺いました。

「それでは、今ご加入の保険を見せていただけますか？」

そう言って、その方に保険証券を見せてもらうと……驚きました。現在その方が置かれている状況と、加入している保険の内容が、ぴったりと一致していたのです。

つまり、**ベストの提案は「そのまま」**だったのです。


さて、こんなとき、あなたが営業ならどうしますか？

ご契約いただけなければ、当然、自分の実績にはなりません。

目の前のお客さまは、私から保険に加入する気でいます。

お客さまは、保険の知識は、あまり持ち合わせていらっしゃいません。

ただし、新しく保険に入り直せば、お客さまが損をすることを自分はわかっています。

「みなさんの中にある保険の営業って、どんなイメージですか？」

私は講演で、よくそんな質問をします。

「とにかくうまいこと言って、保険の入り直しを勧める。そんなイメージがある人は？」

そう尋ねると、悲しいかな、ほとんどの方が手を挙げます。

たいへん残念なことですが、それが保険の営業マンの「レベル10」なんです。

だからこそ、なおさら「レベル11」の対応をしなくてはいけません。

私はそのとき、こう言いました。

「○○さん、あなたにとって一番なのは、このまま今の保険を続けることです。入り直しは損になりますよ」

その後輩の方は「えっ？」と驚いています。私は続けて言いました。

「もし今後、あなたのニーズが変わっていないのに、この保険を見て入り直しを勧める営業マンがいたら、その人はあなたのことを一番に考えていない人です」

その方は、ポカンとされていました。当然ですよね。自分から商品を買うと言っているのに、営業マンのほうから断るなんて、普通のパターンで考えれば、ありえないことかもしれません。

結局、その方から、新たに保険の加入をしていただくことはありませんでした。


あなたは、どう思いますか？

私は、保険の営業として、失格なのでしょうか？

私はそのとき、会社にも、自分にも、利益を生むことができませんでした。お客さまは加入する気だったのに、自ら断った。この商談は失敗だったのでしょうか？


いいえ。結果として、大成功だったのです。

なぜなら、私はその商談から、2つの大きなものを手に入れることができたからです。

1つは、その方から同僚の方々をご紹介いただけたことです。

しかも、20名も紹介していただいたのです。

その方は、「みなさんの今後の仕事の勉強のために、川田さんという方に必ず会ってみてください」というメールを、職場の人たちに送ってくださったのです。

そして、その中から半数近い人がお客さまになってくださって、さらにその方々からも、たくさんのお知り合いの方をご紹介していただけました。

もう1つ手にすることができたのは、仕事に対する「自信」です。

営業マンである以上、当然、迷うこともあります。自分を優先したくなることもあります。正直いうと、いつも、その葛藤を持って仕事をしているといっていいでしょう。

だからこそ、こういう経験が自信になるのです。

お客さまを何よりも大切に考えることによって「次の成功」を生むことができた。

この経験が、その後の営業活動における揺るぎない自信になります。

このときに限らず、私はお客さまに必ずこう言っています。


「義理とかお付き合いでは、保険に入らないでください。お話を聞かせていただいて、本当に保険が必要ないと思ったら、私はいっさい提案をしません」


私は、お客さまといろいろなお話をしていく中で、その人に保険のニーズがあると感じたときに初めて、商品を紹介しています。

必要のない人には商品を売らないこと。必要な人に必要なものだけを販売すること。そして、納得して、満足してもらうこと。

それが、私の実践している「中味」です。

お客さまに契約書にサインをいただくときには、気持ちよくサインしていただけるように、男性用と女性用の2本のペンを用意しています。

また、訪問先から帰るときは、お客さまの靴べらをお借りするのではなく、「マイ靴べら」を使って靴を履きます。営業は「訪問者」であって「お客さま」ではありません。お客さまのものはできるだけ使わないほうがいい。そう思っているからです。

私が心がけている「後味」はいくつかありますが、日常的に意識しているのは、「電話の出方」です。

【後味】「はい、○○さん、川田です」

お客さまから電話をいただいたときに、あなたは最初に何と言っていますか?

「はい、○○社の川田です」

「はい、川田です」

そんなふうに、社名や部署と自分の名前、もしくは自分の名前を名乗るのが一般的ですよね。

でも、お客さまの番号を携帯電話に登録しておけば、誰からの電話なのかは事前にわかっているはずです。

だから、私はこう言っています。

「はい、◯◯さん、川田です。お電話ありがとうございます」

第一声でお客さまに呼びかけて、その次に、自分の名前を言うのです。

私は、初めて会った人が、次に会ったときに、自分の名前をしっかりと覚えていてくれたら嬉しいです。自分がお客さまの立場のときは、なおさらです。

「この人、ちゃんと自分のことを覚えていてくれるんだ」

と、安心感や親近感を覚えるのです。

自分がしてもらったら嬉しいことは、お客さまにも積極的に実践していく。

私は、それが「レベル11」の基本だと思います。

私がトップセールスになることができたのは、このようにして「先味・中味・後味」のすべてのタイミングで「レベル11」を提供することを、常に意識して行動してきたからだと思っています。

偉そうなことを言っていますが、実をいうと、かばんの下にハンカチを敷くことも、マイ靴べらも、先輩がやっていたことのマネなんです。

「いい！」と思うことは、遠慮なく取り入れる。

私は、それも大事なことだと思います。

「学ぶ」という言葉の語源は「真似る」にあると言われますから。

次の章では、私が実際に触れてきたさまざまな業界の「レベル11」の事例を、「先味」「中味」「後味」に分けて紹介していきます。

これらの事例を「真似る」ことから、始めてみてもいいかもしれません。

第4章

Chapter 4

みんなの周りにある「3つの味」

私が触れてきた「3つの味」を、それぞれに分けて紹介します。
あなたのそばにも、たくさんの「3つの味」があるはずです。
ぜひ、ご自身の周りにあるレベル11を見つけてみてください。

先味

4つの事例

【先味（さきあじ）】……商品やサービスに触れる前に感じるもの

【先味1】

喜ばざるをえない記念品

帆風《バンフー》という会社から講演の依頼をいただいたのは、2012年のことです。それから6年の間に、4回講演をさせていただきました。

この会社は、今までに193回ものセミナーを、お客さまやお取引先、何らかのご縁のある方々に向けて、さまざまなテーマで行っています（2018年2月現在）。

その内容は自分たちの商品を売り込むための説明会のようなものではなく、「お客さまがいま求めているものは何か？」を主においています。参加料は、無料です。

2018年に私が講演にお邪魔したときのテーマは「お客さまに感動を与える。微差が大差を生む、サービスの極意」。まさに本書と同じ内容でお話しさせていただきました。

そのときに参加者全員に記念品が配られました。その記念品には、トランプのような箱の表に、こんなことが書いてありました。

「川田修様
本日はお越しいただき、ありがとうございます。
ご来場記念に「ネイルケアセット」をお贈りいたします。
指先まで気を配ることで、相手へ清潔感のある印象を与えられるようにと想いを込めました。お客様ご自身のファンづくりにご活用ください」

100人以上の参加者全員分に、その人の名前を入れているということです。

帆風という会社は、印刷会社です。箱に名前を印刷することは、私が思うよりは簡単なことなのかもしれません。

しかし、この会社は、そんな私の想像のずっと上を行く会社でした。

開けてみると、中からかわいいケースに入ったネイルケアセットが出てきました。

そのケースをよく見ると、こう書いてあります。


〝Osamu〟

これ、私の名前です。

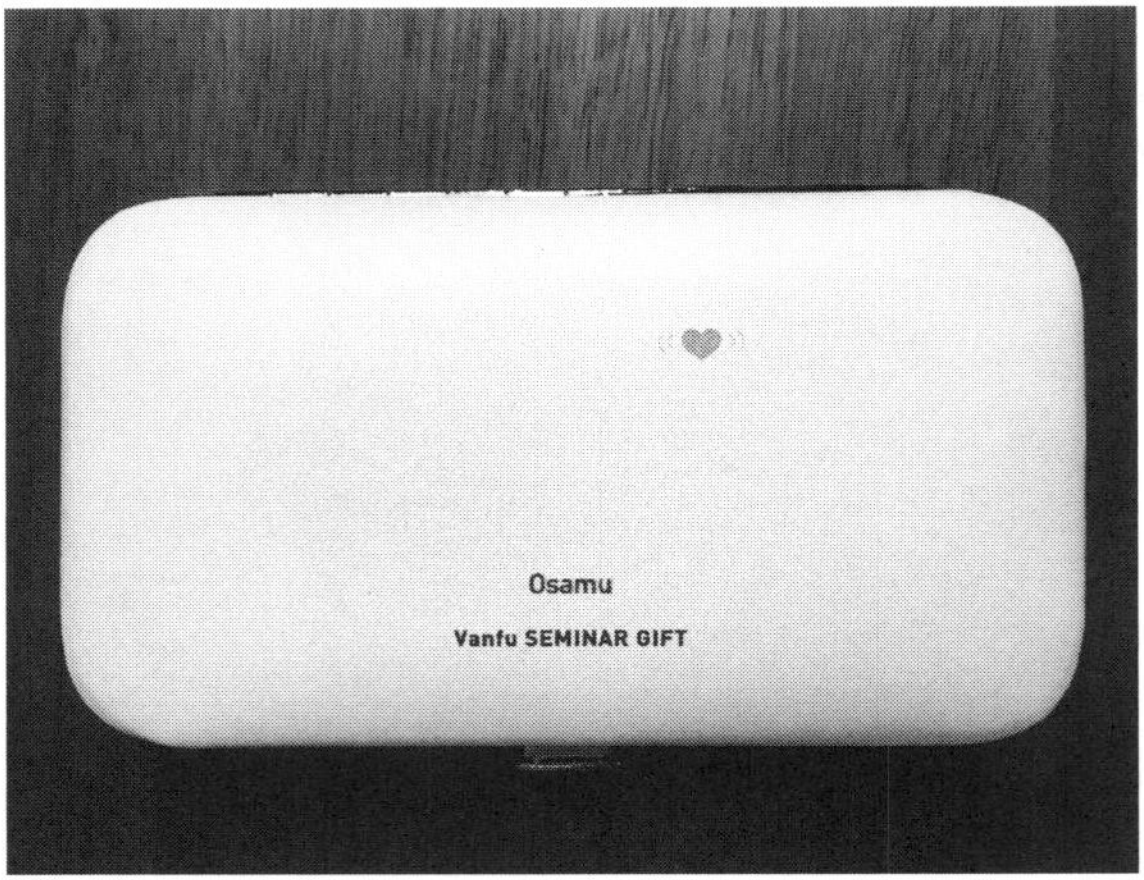

参加者一人ひとりの名前を入れている

参加者全員に、それぞれの名前を入れた記念品が配られているのです。これをもらって、気分を悪くする人はいないでしょう。

この会社は、参加する人に喜んでもらえる講演者を探し、会場を押さえ、何時間も前から会場入りして準備をして、参加者を迎えます。その費用や労力は相当のものです。無料でためになる話が聞けるだけでなく、自分の名前入りの記念品をいただけるのです。帆風の「お客さまに喜んでいただこう」という気持ちは、半端なものではないことがわかります。

ちなみに、この記念品は社員の方々が自分たちで考えて決めるそうです。社員の人たちのアイデアもすごいですが、それを任せている社長も素晴らしいと、私は思います。そして、ただ任せているだけではなく、それを評価してほめている姿が目に浮かびます。そうでなければ、これだけの回数のセミナーを行い、その都度そんな工夫が現場からアイデアとして出てくるはずがありません。

現場の人たちは**自分が頑張っていることや、良いアイデアを出したことを評価されることで、自分の存在意義を感じ、また頑張ろうと思える**のです。

【先味2】

つい開けてしまった不動産会社のDM

ある日、自宅のポストに、左のような封筒が入っていました。

「なんだろう？」と気になって封筒を開けてみると、1枚の手紙が入っていました。

「ある家族が、このエリアで物件を探しています。もし売却できる物件があったら、ご相談させていただけないでしょうか？」

これ、不動産会社からのポスティングのチラシだったのです。

私はこのチラシを見て、思わず笑ってしまいました。といっても、馬鹿にしているわけではありません。あえて地味な封筒で「お手紙風」にアプローチしてくる「先味」に感心してしまったのです。

毎日大量に届くダイクレクトメールやチラシの内容を、いちいち確認している人は滅多にいないでしょう。中身も見ないで捨ててしまっている人も、少なくないはずです。

私もそうです。

「お手紙風」の意外なアプローチ

ダイレクトメールやチラシには、大きく3つのステップがあります。

まずは、「目に留めてもらう」というステップ。

その次に、「読んでもらう」というステップ。

そして、「実際に行動を起こしてもらう」というステップです。


もちろん、3つ目の「行動を起こしてもらうこと」が目的ですが、目に留めてもらわなければ、そのステップまで進んでもらえません。

そういう意味で、どの会社も、ポストに入ってくる多くのチラシの中で「どうしたら目に留まって、読んでもらえるのか？」と、一生懸命に知恵を絞って考えているはずです。

この不動産会社の人も、必死に考えたのでしょう。

普通にチラシを入れても、簡単に捨てられてしまう。

「だったら、封筒に入れてみよう。あえて派手じゃない、チラシやダイレクトメールっぽくない、茶封筒に入ったお手紙みたいにしたらどうだろう？」

そうしてできたのが、この「春のお便り」だったのかもしれません。

私は、このＤＭで実際に不動産を売却したわけではありませんでしたが、そんな「先味」が気になって、封筒を開けて、中身もしっかり読んでしまいました。

ちょっとした工夫で、つらい仕事も、困難な仕事も、突破口が開かれることがあります。

そのためには、自分がどんなふうに何を伝えたいかを考えるだけでは足りないのです。

「相手はどんな状況で、どんな気持ちで、どんなふうにとらえるのか？」という、相手目線でものごとを考えることが大切なのです。

【先味3】

自然と笑顔になれたカメラマンの「鏡」

9年前に『かばんはハンカチの上に置きなさい』という本を出させてもらってから、多くの驚くようなことが私の身の周りに起きました。

そのうちの1つが、雑誌などメディアの取材をお受けする機会が多いことです。

メディアの取材は、だいたいの内容に関する企画概要と一緒に連絡をもらいます。スケジュールが合えば、なるべくお受けするようにしています。

取材当日は、編集の方とライターさん、そしてカメラマンさんの3人で来られることが多く、はじめに取材を受けながらその様子を同時に撮影して、終わりの10分くらいで、立っている写真やカメラ目線のものを撮ることが多いのです。

そんな中で、ある雑誌の取材を受けたときのことです。

取材が終わって、写真撮影に入りました。

写真撮影に入る前に、私が必ずやることがあります。ネクタイを直すことです。

取材は会議室などで行なわれることが多く、窓やテレビモニターに映る自分の首のあたりを見ながら直すのですが、はっきりと映るわけでもないので、どうしても手探りになってしまいます。

ある日の撮影前、いつものようにネクタイをいじっていると、カメラマンさんが、「よろしければ、これお使いください」と、手鏡を取り出したのです。

私は驚いて「いつも鏡を持ち歩いているのですか?」と聞くと、びっくりする答えが返ってきました。

実はそのカメラマンさんは、事前に私の本を読んで、「自分でもお客さま目線で何かできないか、と思って鏡を持つようにした」と言うのです。

撮影の時に鏡を持参するカメラマンに出会ったのも驚きでしたが、撮影する対象者の本を読んで仕事に臨むなんて、想像もしていないことでした。

「カメラマンの仕事はいい写真を撮ることだ。本を事前に読んできたからといって、仕事に良い影響があるのか？　写真のクオリティが上がるのか？」

そう思われる方もいらっしゃるかもしれませんが、答えはイエスでした。撮影に入る前に素晴らしい「先味」を提供された私は、鏡を用意してもらったことで、安心して撮影に臨めました。

そして、そのカメラマンさんは私にとって、初めてお会いしたとは思えない、同じ価値観を共有している人のように思えました。

カメラマンさん自身に変化があるかどうかは私にはわかりませんが、撮られる側、つまり私の気持ちとしては、やっぱり嬉しいものだったのです。

そして、笑顔を求められたときも、今までとは違う感覚で、素直に笑うことができたことを覚えています。

ありそうでなかったカメラマンの手鏡

【先味4】

欲しい情報がどんどん集まる一枚の貼り紙

北海道に「柳月《りゅうげつ》」というお菓子メーカーがあります。世界的な評価を受けているバウムクーヘン「三方六《さんぼうろく》」をつくっている和菓子や洋菓子の会社で、帯広・釧路・札幌に41店舗を展開している、北海道では有名な会社です。

本社と工場と店舗の複合施設「十勝スイートピア・ガーデン」は、十勝の観光名所にもなっていて、お菓子コーナーにはいつも行列ができています。

この会社の社長にお会いするために、本社に行ったときのことです。商談をするスペースに、紙が貼ってありました。「広告かな？」と思ったのですが、違いました。

左の写真を見てください。これが、その用紙です。

お菓子の新商品の情報ならまだしも、新商売で繁盛しているお店（しかも女性向きのお菓子に限定しています）、女性が憧れる「建物の外装内装の画像」とか、さらには省エネ機械まで。「10年以内で収支がプラスになるもの」と、具体的な指定まであります。

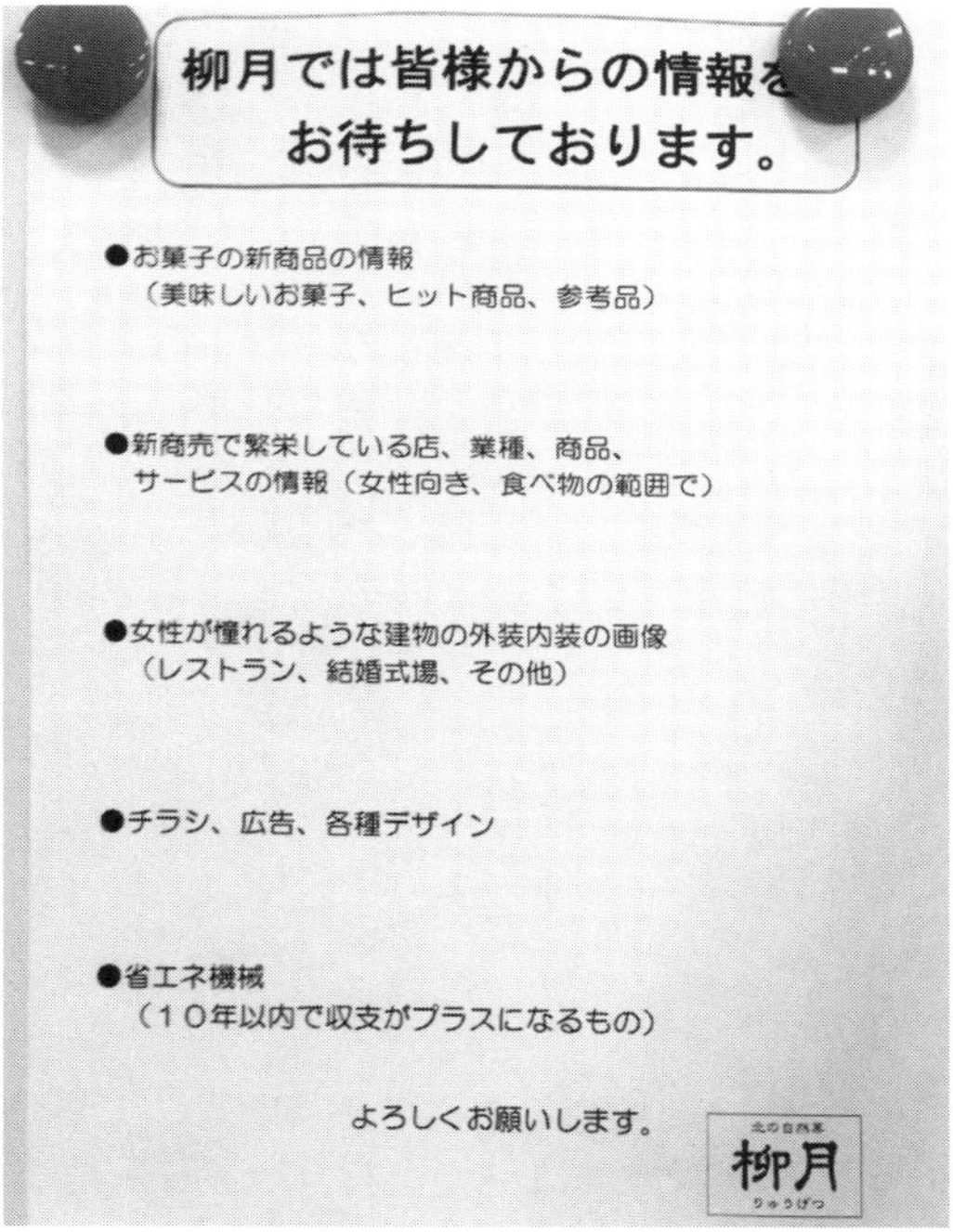
柳月では皆様からの情報を
お待ちしております。
●お菓子の新商品の情報
（美味しいお菓子、ヒット商品、参考品）
●新商売で繁栄している店、業種、商品、
サービスの情報（女性向き、食べ物の範囲で）
●女性が憧れるような建物の外装内装の画像
（レストラン、結婚式場、その他）
●チラシ、広告、各種デザイン
●省エネ機械
（１０年以内で収支がプラスになるもの）
よろしくお願いします。
柳月

WIN-WINの関係を作り出す貼り紙

この貼り紙に書いてあることを、改めて書き起こしてみます。

柳月では皆様からの情報をお待ちしております。

・**お菓子の新商品の情報**（美味しいお菓子、ヒット商品、参考品）
・**新商売で繁栄している店、業種、商品、サービスの情報**（女性向き、食べ物の範囲で）
・**女性が憧れるような建物の外装内装の画像**（レストラン、結婚式場、その他）
・**チラシ、広告、各種デザイン**
・**省エネ機械**（10年以内で収支がプラスになるもの）

よろしくお願いします。

私はこれまで800社くらいの会社にお邪魔していますが、こういう貼り紙は初めて見ました。異業種から学ぼうとする社長の姿勢は知っていましたが、ここまで徹底されていることに驚きました。

「社長、なんでこういう紙を貼ってるんですか？」と尋ねると、社長は言いました。

「営業の人って、僕らと仲良くなるために話そうとするでしょう？　でもね、天気の話とかしてもらっても、興味ないわけよ。だったら『こっちはこういうことに興味あります』って書いておけば、いろいろ調べてきてくれるでしょう？　その情報が僕らにとってプラスになるのよ」

これは、私たち営業の立場からすると、とてもありがたい「先味」です。

営業にとって会話のネタは悩みの種です。「あのお客さまのところに行きたいけど、話のネタがない」という会話は、営業の仕事をしている人ならよく耳にするはずです。

こうして知りたいことを具体的に教えていただければ、お客さまの必要としている情報を集めて、訪問のネタにしようとアンテナを張ることができます。

柳月からすれば、欲しい情報のアンテナを、訪問する営業によって張り巡らせていることになるわけです。ありそうでなかったＷＩＮ-ＷＩＮの素晴らしいアイデアです。

柳月は、１９４７年に設立され、創業時はたった3人でアイスキャンディの製造と行商から始まったそうです。現在は７００名以上の社員と40軒以上のお店を構え、年間３００種類以上ものお菓子をつくる会社に成長しています。

その原動力は、社長のこうした貪欲《どんよく》に学ぶ姿勢と豊かな発想力にあるのでしょう。

中味

6つの事例

【中味（なかあじ）】

……商品やサービスそのものに触れているときに感じているもの

【中味1】

逆さまに字を書く本当の意味

「どうせ仕事をするのなら、楽しんでやりましょう」。私は企業の新人研修や、5年目研修などに呼んでいただくと、若い社員のみなさんに、よくそう話しています。

ビール瓶の受け皿に松の葉を入れなくても、怒り出すお客さまはいません。お客さまの姿が見えなくなったあとまでお辞儀を続けなかったからといって、あなたのお給料が下がるわけでもありません。

でも、それをやったら、お客さまがより喜んでくれるかもしれない。あなたのお店や会社を、より信頼してくれるかもしれない。そして、そういう工夫をすることによって、自分自身の仕事がより楽しく、面白くなります。

左の写真を見てください。私は、営業のときに、中味として「文字を逆さまに書く」ということをやっています。

お客さまと商談をするときは、当然、お客さま側に資料を向けながら説明します。そ

お客様目線に立ち、文字を逆さまに書く

して、その資料に何か書いて説明したりします。

普通は、そういうときに紙を自分のほうに向けて書いて、またお客さまのほうに向けます。つまり、紙を何度もクルクル回しながら説明を続けることになります。

この行為は、お客さまにストレスを感じさせたり、集中力を失わせてしまうことになりかねません。

だから私は、紙の向きはそのままにして、文字を逆さまに書いて説明しています。

数字はもちろん、「一生涯」「安心」といった漢字も、逆さまに書いています。

すると、「字を逆さまに書けるんですか？　すごいですね！」と、お客さまにちょっとした驚きを味わっていただけます。

それだけでなく**「文字を逆さまに書ける人」として、お客さまに覚えていただける効果があります。**

お客さまがご友人を紹介してくださって、初めてお会いしたときに「○○さまから、僕のこと、どんなふうに聞いていますか？」と尋ねると、よくこんな答えが返ってきます。

「『とにかく会ってごらん。字を逆さまに書ける面白い人だから』って言われました」

私は営業として、お客さまに商品について興味を持っていただくだけでなく、自分自身に興味を持ってもらうことを意識しています。

商品にだけ興味を持ってもらおうとするうちは二流の営業だと思います。なぜなら自分の商品に興味を持つお客さまは、ほかの営業が紹介する商品にも興味を持つからです。**しかし、自分自身に興味を持っていただいたステージでは、競合はいなくなります。**

文字を逆さまに書くことは、私の先輩がやっていたことを真似して始めたのです。私は、お客さまに喜んでもらえそうなことは、どんどん真似します。それが先輩でも後輩でも関係ありません。お客さまに喜んでもらえるという大きな目的を達成するためなら、ちっぽけなプライドには何の価値もないと思っています。

そして、何よりも仕事が楽しくなります。文字を逆さまに書いて「よくそんなことできますね」とお客さまが私に興味を持ちいろいろと質問してくださると、楽しいのです。その結果として、ビジネスでもプラスになる。私はそういう発想が大事だと思います。マニュアルではなく、本人がお客さまに喜んでもらいたいという気持ちを持って、**心から楽しんでその仕事をやっているのか。**そういうところも、お客さまは観ています。

「やらなければいけないこと」ではなく、「自分がやったほうが楽しいこと、面白いこと、喜ばれること」は何か。そう考えることが「レベル11」への一番の近道なのです。

【中味2】

非日常を演出する日本の宿の「おもてなし」

お客さまの「物語」を豊かにする仕事の代表が、ホテルや温泉宿ではないでしょうか。

私は、旅行に行くと、さまざまな工夫に感銘を受けることが多くあります。

左の写真を見てください。北海道ホテルというホテルのレストランの窓の下に、菱形《ひしがた》の何かが並んでいます。これ、何だかわかりますか？

私は、窓の下を覗いてみて、初めてわかりました。そこにはヒーターがあったのです。この菱形の飾りで、ヒーターを見えなくしていたのです。

旅行をする目的が、「非日常に身を置きたいから」という人は多いのではないでしょうか。ゆっくりと温泉に浸《つ》かったりして、ちょっとの間だけでも日常生活から離れたい。言ってみれば、旅先は「夢の世界」なのかもしれません。ディズニーランドがそうであるように、夢の世界では、現実を忘れさせてほしいものです。

ヒーターという「日常感」を包み隠す

だから、こういうちょっとした工夫を徹底しているホテルや温泉宿に泊まると、ホッとします。

別にヒーターが見えたからといって、不満に思ったりはしません（レベル10）。

でも見えないほうが、より現実を忘れられます（レベル11）。

人工物が目に入らずに、窓の外の森や林だけを見て、「夢の世界」に来ている気分に浸ることができます。

ある別の旅館では、左ページの左側の写真のようにマッチ箱に和紙を巻いていました。本当にちょっとした工夫ですが、細かいところまで配慮してくれる気持ちに嬉しくなります。

右側の写真は、ある温泉宿のトイレの水洗です。わかりにくいかもしれませんが、水の流れるところに何か置いてあります。これは何かというと、石が置いてあるんです。

水の流れる穴が見えないように、石を置いて見えないようにしているのです。しかも、よく見ると特殊な形状に石を削って、水が跳ねないようになっています。

気づかれないくらい細かいところに気を配って、お客さまにとって心地よい「中味」をつくりだしているのです。

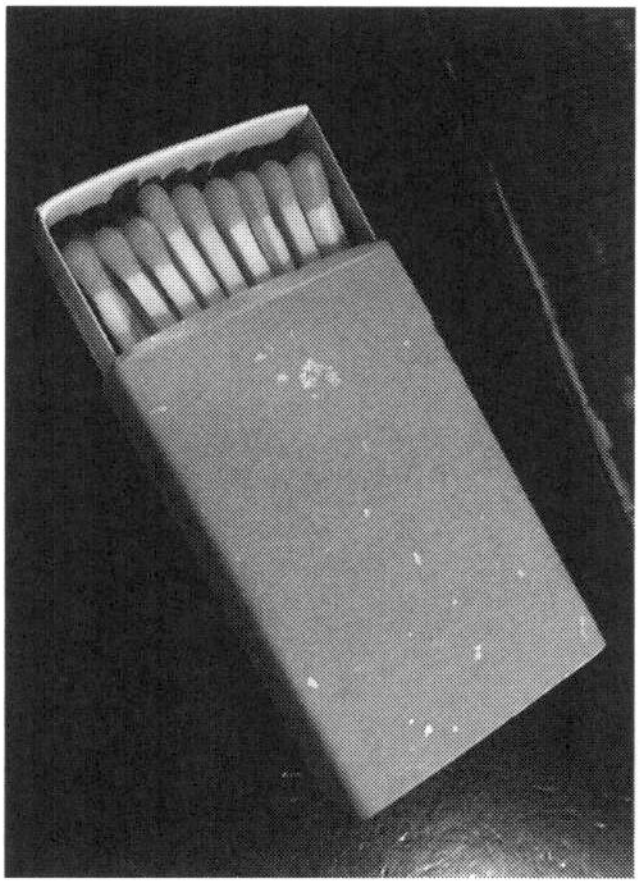

マッチ箱に和紙を／タンクの穴に石を。細部の細部にこだわる

左の写真は、築250年の古民家を見に行ったときに撮影したものです。柱の部分に、鶴のような形をした鉄の飾りがつけられていました。ほとんどが、目線より上にある柱の、上のほうにあります。

何のためにこんなものが柱に飾られているのか、その理由を想像できますか？

これは「釘隠し」です。こんなところの釘の頭が見えないようにするために、わざわざこの飾りをつくっているのです。

わたしの好きな言葉で「神は細部に宿る」という言葉があります。「細かい部分を疎《おろそ》かにしてしまうと、全体の美しさは得られない」ということを意味する言葉です。

日本人には、昔から、こういった細部に気を配る精神があるのです。

細部にこそこだわり、工夫をほどこし、新しいアイデアを実現していく。

それこそが、時代を問わず人の心を動かす、仕事において最も大切なことなのかもしれません。

普段は目線にも入らない釘の頭を飾りで隠す

【中味3】

地球の裏側の「おもてなし」

「神は細部に宿る」は、何も日本人だけが実践していることではありません。地球の裏側にも、素敵な「中味」を提供してくれる人たちがいます。

2014年に、私がブラジルに行ったときのことです。その年は、サッカーのワールドカップがブラジルで開催されました。

せっかくブラジルまで来たのだから、ブラジルとアルゼンチンの両国にまたがる世界遺産、イグアスの滝を見ないわけにはいきません。

滞在中、私はサッカーの試合を観戦している間は安い宿に泊まっていましたが、イグアスの滝を見に行ったときだけは、奮発して高級ホテルに宿泊することにしました。

イグアス国立公園の中にたったひとつだけあるホテル。アルゼンチン側に位置し、五つ星の評価を得ている、ベルモンド ホテル・ダス・カタラタスです。

イグアスの滝まで徒歩圏内という抜群のロケーション。壮大な眺めを満喫できる素晴らしいホテルでした。ガウチョと呼ばれるバーベキューも、優雅で快適な部屋も最高でした。

けれども、私にとって最も印象に残ったのは、別のことでした。

イグアスの滝は、大小約300もの滝の集合体です。近くまで見に行くと、耳をつんざく轟音《ごうおん》とともに、舞い上がる水煙で全身がびしょ濡れになってしまいました。

その後のことを考えると、濡れたままにしておくのは気持ちが悪い。だけど次の日には、またサッカーの試合を観るために移動しなければならない。

そこで、ホテルのスタッフに頼んでみました。

「クリーニングではなく、乾かすだけでいいのですが、お願いできますか？」

「もちろんです」

そこはさすが五つ星ホテル。ゲストの依頼に対して嫌な顔ひとつ見せません。

念のため「フリー？（無料ですか？）」と尋ねると「当然！」と誇らしそうな表情を浮かべて、気持ちよく応えてくれました。

しばらくして、スタッフの人が、何か持ってきてくれました。

それが左の写真です。

「これはいったい……？」

私が預けたTシャツやズボンは、ていねいに折りたたまれ、きれいな薄紙に包まれた状態で戻ってきたのです。しかも、南米っぽい南国の花までつけてくれていました。

とても素敵な「中味」です。きれいに折りたたまれ、籠に入れてくれただけでも気持ちがいいものですが、花までつけてくれるちょっとした心遣いに「わお！」と声に出してしまいました。

「おもてなし」は日本が世界に誇る文化だと言われていますが、地球の裏側のアルゼンチンも、決して負けていませんでした。

世界一の滝まで歩いていけるという立地に甘んじることのない、ハイクオリティなサービスと、思いがけない嬉しい心遣いが素晴らしい思い出になりました。

だからこそ、ベルモンド ホテル・ダス・カタラタスは、五つ星ホテルに認定されているのでしょう。

乾かした服を小さな感動と一緒に渡す

【中味4】

「ありがとう」は連鎖する①

ある日、都内の地下鉄の駅を歩いていると、年配の女性に駅員さんが付き添って歩いている姿を見かけました。

「出口がどこか迷っているのかな。それとも具合が悪いのかな……」

そう考えたのですが、二人が歩いていく先を見て「あっ」と気づきました。

この駅のある出口には、エスカレーターがなかったのです。

東京の地下鉄は、エスカレーターのない駅の出口が少なくありません。私も、最近は運動不足で、階段を昇るのがしんどい駅がたまにあります。ご高齢の方ならなおさらでしょう。駅員さんは、年配の女性の荷物を持ったまま一緒に階段を昇っていきました。

私は、それを少しの間見ていたのですが、階段を昇り終えた女性は駅員さんに、何度も何度も「ありがとう」と言っていました。駅員さんは少し照れくさそうに、嬉しそうにしているように私には見えました。

女性が「ありがとう」と思ったのと同じくらい、駅員さんも嬉しかったのではないでしょうか。

相手目線で考えるだけでなく
相手に寄りそうことの大切さ

【中味5】
「ありがとう」は連鎖する②

先日、福井県の越前市というところで整骨院を経営している友達に、東京で会った時の話です。私が彼を空港に迎えに行くと、車に乗り込むなり、こんな話を始めました。

「いま空港のトイレに入ったら、掃除してる女性がいて、細かいところを本当にていねいにていねいに掃除していたんだけどさ。それを見ていてすごく気持ちがよかったから、『ありがとうございます』って声をかけたんだけど、なんて返ってきたと思う？」

私が考える間もなく、彼が答えを言います。

「ご利用いただきありがとうございます。だって！　素敵でしょ？　その後手を洗うと、『こちらをお使いください』ってハンドドライヤーのほうに導いてくれたんだよ。素晴らしい人に出会えて気分がいいよ」と、興奮気味に話してくれました。

私は心の中で思いました。「掃除をしていた女性に『ありがとうございます』って声をかけて、こういう話をこんなに真剣に熱を込めて話せるおまえが素敵だよ」と。

彼の整骨院は木のぬくもりを大切にしたロッジのような素敵な建物で、周りに接骨院がたくさんあるにもかかわらず、いつも患者さんであふれています。一度、遊びに行ったことがあるのですが、そのとき壁に貼られていたのが下の写真です。

決してきれいに飾られたものではありませんが、彼の患者さんや地元に対する愛情を感じ取るのに十分なものでした。私は治療の技術的なことはわかりませんが、彼の治療院に来る患者さんは、きっと、この空間そのものが好きなのだろうと思いました。

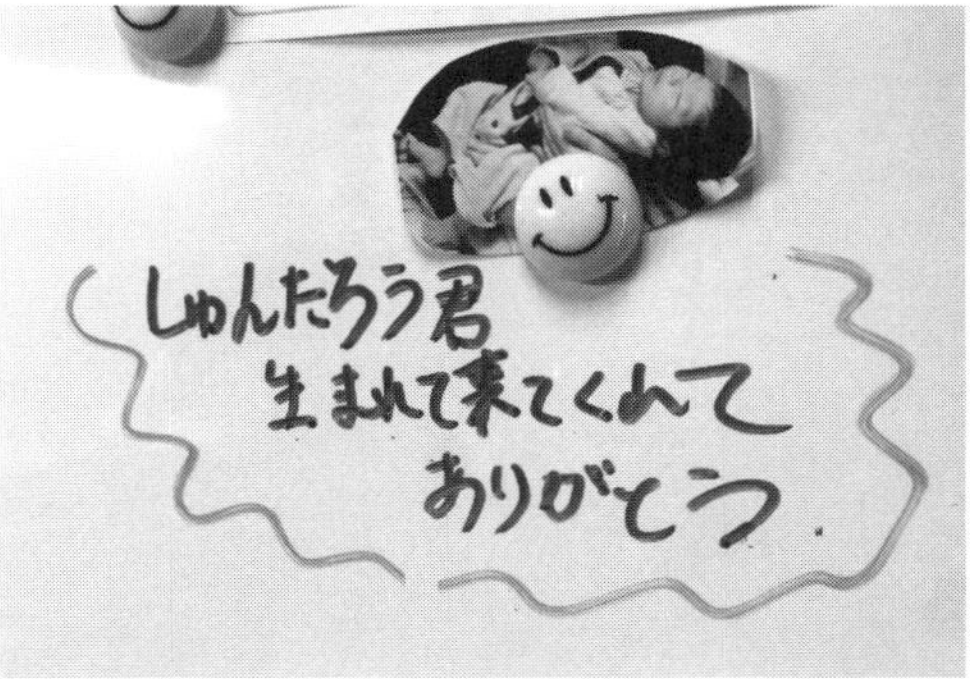

患者さんだけでなく、世の中へのメッセージ

【中味6】

「ありがとう」は連鎖する③

「ありがとう」という言葉には、忘れられない思い出があります。

私が、リクルートからプルデンシャル生命に転職したときの話です。

2回目の面接を受けた数日後、当時の支社長から、こう言われました。

「川田さんには、ビジネスマンとして大きな欠点があります。周りの人間に対する感謝が足りません。あなたは、自分ひとりで仕事していると勘違いしていませんか？」

なぜそんなことを言われたのか、まったくわかりませんでした。

私が言葉を失っていると、支社長は言いました。

「面接の最中に、女性がお茶を持ってきてくれましたよね。あなたは、ありがとうの一言もありませんでした。会釈ひとつもなかったのが、その表れです」

私は、面接で何を話すか、どう自分をアピールするかばかり考えて、まるで周囲が見えていなかったのです。支社長はその後、私の強みについても話してくれたようですが、ショックのあまり何も覚えていません。

それ以来、私はどこに行っても、お茶やコーヒーを出してくれた人に、必ず「ありがとうございます」とお礼を言うことを心掛けるようになりました。

最初は、支社長の指摘がグサリと胸に突き刺さっていたからでした。けれど、やがて自然と感謝の言葉を言えるようになってきたのです。

お礼を言うのは礼儀ですが、感謝の気持ちを伝えると、嬉しそうな表情をしてくれる人がいます。そして、**相手が喜んでくれると、自分も嬉しいものです。**

こんなひと言を言ったら相手が喜んでくれるかも。こんな商品をつくったら喜んでくれるかも。こんな工夫をしたら喜んでくれるかも……。

何かすごいことをしよう、新しいことをしよう、素晴らしいことをしよう、そう意識してしまうと、ハードルが高くなって、逆に何もできなくなったりします。

だから、もっと単純に考えてみるのです。この人が喜んでくれたら、自分も嬉しい。あの人が笑顔になってくれたら、自分も楽しい。それでいいのです。

そうすれば、自然に皆さんの周りでも「ありがとう」の連鎖が始まるはずです。

後味

3つの事例

【後味（あとあじ）】……商品の魅力を味わったあとに感じるもの

【後味１】

「お見送り」だけでお客さまが急増した歯医者さん

「川田さん、患者さんをもっと増やす方法はないでしょうか？」

ある歯医者さんから、そんなご相談を受けたことがあります。私はそのとき、こういう提案をしました。

「先生は無理かもしれませんが、すべての患者さんをスタッフの方が外までお見送りしたらどうでしょうか。きっとお客さまが増えると思いますよ」

歯医者さんでは、普通、カウンターに座っているスタッフの方が「お大事に」と言って送り出して、それで終わりですよね。これが、私の歯医者さんに対する「レベル10」でした。

だからこそ、「後味」として、外まで出ていってお客さま（患者さん）をていねいにお見送りしたら、それだけでお客さまは感動するのではないか、と思ったのです。

そして、この歯医者さんは、本当にそれを実行しました。

すると、本当に患者さんが急増したのです。

しばらくたってから、先生からこんな話を聞きました。

ある日、ひとりの女性スタッフがいつものように患者さんを外まで出て見送っていると、歯医者さんの向かいに住んでいる人が、こう言ったそうです。

「あなたは、いつも本当にていねいに患者さんを見送っているわね。すべてのスタッフの中で、あなたがいちばんていねいよ」

そう言って、とても褒められたそうです。

「ああ、自分がやっていたことって、人からそんなふうに見えることだったんだ……！」

そのスタッフの女性は、ものすごく嬉しそうに、先生に話してくれたそうです。

第2章で「お客さまは観ています」と書きました。

実は、**「お客さま以外の人」**も、**私たちの仕事ぶりを観ている**のです。

お客さまから褒められたり、会社の上司や先輩から褒められるのは、もちろん嬉しいものです。でも仕事に直接関係のない、利害関係のない人から褒められるのは、それ以上に嬉しいことだったりしませんか。

もしかしたら、近所の人に褒められたことは、この女性スタッフの一生を左右する大きな出来事になるのかもしれません。


自分がやっていることが褒められたら、人はもっと褒められたくなるものです。

「お見送り以外にも、何かできることはないかな？」

そう考えて、仕事への取り組み方が変わるきっかけになるのです。

そして「自分がやっていることは、患者さんと自分という関係だけではなく、この街の人たちみんなが見ていることなんだ」と、視野が広がっていくはずです。


誰かに褒められたり、認められたりして、１つのきっかけが見つかると、人はもっとほかにもやってみようと、モチベーションがぐんと上がります。

意欲や積極性が生まれてきて、さらに多くの工夫をするようになります。

するとレベル11」が、どんどんできるようになっていくのです。

だからこそ、経営者は社員を、上司は部下を、先輩は後輩を、もっともっと褒めてあげることが必要だと思います。

自分がお客さまの立場で「いいね！」と思うお店やサービスがあったら、直接相手に伝えるようにします。

直接言うのは照れくさかったり、恥ずかしくても、今はSNSとか褒める手段や人に紹介する手段はいくらでもあります。スタンプだって絵文字だって、気持ちを高めるのにはピッタリかもしれません。

そういう輪を広げて「喜び」や「笑顔」がどんどん増えていけば、もっと楽しくもっと素敵な職場になり、地域になり、社会になっていくと、私は思っています。

【後味2】

三つ星レストランを支える「味以外」のこだわり

数年前、パリに行ったときのことです。私はアートなどにはあまり興味がなく、ルーヴル美術館も1時間半で見終わってしまったのですが（普通は3日あっても足りないと言われています）、絶対にもう一度行きたい、と思った場所があります。

それは、エピキュールというフランス料理のお店です。このお店に行くためだけにパリに行ってもいい、と思うくらい素晴らしかったのです。

何がそんなに良かったのか。ひと言でいえば、サービスのクオリティの高さです。ギャルソンの人たちは、情報を交換するときにあまりしゃべらない。ぜんぶ「目配せ」です。歩き方から佇まいまで、すべてがかっこいい。

フランス料理ではメインディッシュが運ばれてくるとき、ボウルを逆さまにしたようなクロッシュという蓋がかぶされてきます。その蓋を外すときも「せーの！」とやるのではなく、阿吽《あうん》の呼吸で同時に開く。その動きが実にシャープでスマートなのです。

テーブルの上の花びらの形が……

でも、何より感動したのは、隣のテーブルの老夫婦のお客さまへのサービスでした。

この日は、そのご夫婦の結婚記念日だったようです。

最後のデザートのときに、ギャルソンが銀のプレートの上に花を乗せて持ってきました。何をするのかと思って見ていたら、お客さまの目の前でピッピッピッと花びらをぜんぶ抜いて、その場でテーブルの角を使って、ハートマークをつくったのです。それが、前ページの写真です。

このご夫婦にとって、一生忘れられない「後味」になったのではないでしょうか。

サービス業というのは、お客さまの人生の物語の一コマに、素敵な感動を提供することができる仕事なんだと改めて実感しました。

私がサービスの素晴らしさについて片言の英語で話していると、ギャルソンの代表の方が私たちのことを気にかけてくれて、実に楽しい時間を過ごすことができました。

私の頼りない語学に間違いがなければ、彼の奥様は、日本人で東京の中野に住んだことがあって、日本の精神が好きだと話してくれました。お酒も飲めない私が、そのお店の顧客対応を話し込み、お店が閉店するころまで長居をしてしまいました。

帰ろうとしたころ、ギャルソンが「厨房を見ていくか？」と誘ってくれました。

「もちろん！　ぜひお願いします！」と中を見せてもらうと、それはそれは広い厨房で、何人もの人たちで片づけをしていました。

私がこのフレンチレストランのすごさに驚いたのは、ここからでした。厨房の上のほうには、鍋やフライパンなどをしまっておくステンレスの棚がたくさんありました。その中にスタッフが体の3分の1くらいを入れながら、洗剤を使って泡だらけに見えるくらい一生懸命その中を洗っていたのです。

食器だけでなく、棚の中を、です。私は驚いて質問しました。

「まさかこれを毎日やっているのですか？」

返ってきた答えは、私の想像を超えていました。

「違うよ。毎食後にやるんだよ」

平たく言うと、毎食後に年末の超大掃除をしている、という感じです。

とんでもない後味を味合わせてもらいました。

ミシュランで三つ星を取り、パリで最もおいしいレストランと言われているのには、見えないところにまで驚くほどにこだわる、徹底した考え方に理由があったのです。

【後味3】

また乗りたいと思ったタクシーの「おつり受け」

高級レストランのような話を挙げると、「レベル11」が、ほかよりも美しく、ほかよりも素敵で、徹底したものでなければいけない、と思われてしまうかもしれません。

でも、決してそうではありません。

何年か前のお正月、ある個人タクシーに乗ったときのことです。

私は、そのとき急いでいたので、駅からお客さまのオフィスまで、ほんのわずかな距離でしたが、タクシーを利用しました。

目的地に着いたので、運転手さんに「こんなちょっとの距離ですみません」と言いました。すると「いえいえ、ありがとうございます」と言って、左のようなトレーの上におつりをのせて渡されました。トレーの上に、小さな花飾りが置いてあったのです。

決してクオリティが高いとは言えない、手づくり感満載の演出です。

花飾りを留めてあるテープは、きっとスポーツで使うテーピングテープでしょう。

美しさや格好よさよりも温かさに心が動かされます

その運転手さんは、かなり高齢の、おじいさんでした。

「これどうしたんですか？」と尋ねると、運転手さんは言いました。

「お正月だからね、自分でつくったんですよ。ちょっとお正月っぽいでしょう？」

ニコニコして、すごく嬉しそうでした。

なんかかわいいなぁ……。なんとも言えない、温かい「後味」でした。

考えてみれば、タクシーにはあまり季節感がありません。せっかくお正月なんだから、お客さまにちょっとでも正月気分を味わってもらいたい。

きっとそんなふうに考えたのでしょう。

お客さまが喜んでくれる様子を想像しながら、背中を丸めながら一生懸命つくっている姿を、自然と想像してしまいます。


私は、こういうことが、仕事の原点だと思います。損得だけの話でいえば、おつりのトレーに花飾りを置いたからといって、業績が上がるわけではないでしょう。

でも私は、このタクシーに、また乗りたいと思いました。

年配のドライバーさんの醸し出す雰囲気と、本人が楽しんでやっているちょっとした工夫が見事にシンクロして、なんとも温かいレベル11を演出していたからです。

第5章

Chapter 5

心が動かされる場所に隠された秘密

ここまでの内容すべての根幹をなす、
「最も大切なこと」を、6つの事例を通してお伝えします。
あなたの感性で、感じ取ってみてください。

「社長」の肩書きがないネームプレート

「マルセイバターサンド」といえば、知っている人も多い北海道のお土産の定番です。それを提供する六花亭《ろっかてい》というお菓子メーカーは、**「小さな工夫の積み重ねが、大きな成果につながる」**ということを証明している会社です。

六花亭は、全国展開していない地域企業なのに、売上高は約２００億円。日経ＢＰコンサルティングが発表したブランド価値評価調査「ブランド・ジャパン２０１６」で、セイコー、ティファニー、スタジオジブリ、エルメスといった世界的な知名度を誇る企業を押さえて、愛されるブランドの１位に輝きました。

この人気と成功の秘密は、どんなところにあるのでしょうか。

数年前、元社長の小田豊さんにお会いする機会をいただきました。面談の後でホームページを見ていると、採用情報のコーナーに「先輩社員の声」というページを見つけました。

店舗スタッフをはじめ、製造、衛生管理、制作、システム開発、総務など、ありとあらゆる人たちが、口を揃えてこう言っていました。

「六花亭の強みは『1人1日1情報』と『六輪』があること」

六花亭では、すべての従業員が「1人1日1情報」を提出できる権利を持っています。義務ではなく、あくまで「権利」です。その日の出来事、仕事の改善、提案、お客さまからのご意見や個人的な悩みなど、テーマは自由。毎日600~800通の情報が社長に届けられるそうです。

そして、翌朝には社長がすべてに目を通し、翌日の日刊社内新聞「六輪」に掲載され、それらの提案を検討して、商品開発のヒントとして有効に活用されています。

「先輩社員の声」には「六花亭の強みとは?」という質問に対して、多くのスタッフが、次のようなコメントをしています。

「意見やアイデアなど誰でも提案できる会社。日刊新聞『六輪』を通し、改善点やお客さまの声をトップに届けることができるので、リアルタイムで改善ができ、より良い商品をお客さまに提供できることです」

「毎日『1人1情報』を提出することができ、良い意見があれば社歴にかかわらず採用されます。また『六輪』では、普段あまり関われない部署の様子を知ることもでき、他職場の取り組みを共有することができます」

第一にすごいのは、従業員から毎日600以上の情報が社長に届けられていること。

第二に、それらを毎日、社長がすべて読んでいること。

第三に、その情報を社員新聞に毎日載せて従業員みんなで共有していること。

第四に、社長と社員の距離が近いこと。

第五に、1年目の新人であっても良い提案は即採用され、リアルタイムで改善を行い、より良い商品をお客さまに提供していること。

その成果は、お店や商品はもちろん、ほんのちょっとしたことにも反映されます。

六花亭本店にある喫茶スペースに行ったときのことでした。テーブルの上に置かれていた、おすすめ商品のポテトパイの紹介を見て、私は感心してしまいました。

「さらにこんがり焼いて提供します」

ますます、おいしそうに思えてしまいます

そのまま食べても十分おいしそうですが、さらに「こんがり」焼いてくれたら、ますますおいしそうです。

このひと言が**一段と食べたい気持ちにさせる「先味」**になります。

「ポテトパイはそのまま食べてもおいしいけれど、温めたらもっとおいしくなる」

「じゃあ、お客さまに、よりおいしい食べ方をお伝えしよう」

「じゃあ、〝温めてお持ちします〟と入れようか？」

「『さらにこんがり焼いて提供します』って書いたらどうかな？　そのほうがおいしそうだし、六花亭らしいと思う」

私の勝手な想像ですが、そんな話し合いがあったのかもしれません。

「温めてお持ちします」というコピーよりも「さらにこんがり焼いてお持ちします」のほうが、断然おいしそうです。

その後、お会計のときにレジを見ると、お客さまから見えない位置に静電気シートが置かれていました。

精算時のお釣りのやりとりなどで静電気が起こることがあります。直接手を触れなくても、その寸前で電気が走ります。あなたも経験したことがあるのではないでしょうか。

それを避けるために静電気シートを置いていたのです。精算をするときに事前に触り、お客さまにお釣りを渡すときに静電気が起こらないように配慮しているんですね。

そんなさりげない「後味」の気遣いにも、私は感心させられました。


私は聞いて驚いたのですが、六花亭には「接客マニュアル」がないそうです。

お客さまに喜んでもらうにはどうしたらいいか、一人ひとりが考え、自分らしい接客を心がけているというのです。売上のノルマや目標も、設定していないそうです。

にもかかわらず、クオリティの高いサービスを実現し、たくさんのヒット商品を生み出し、全国区の知名度を誇っているのは、なぜなのか。


私は本社にお邪魔したときに、その理由の一端に気づいたのです。

六花亭の本社の外壁には、社員の名前が記されたネームプレートが貼られています。

白い壁なのに、その一角だけはレンガの壁になっています。本社屋の建て直しに際して、全社員の名前を残そうと考えたのでしょう。

私はそのプレートを見て「あれ？」と思いました。

社長の名前がないのです。

よくよく見ると、ありました。ほかの社員の名前の中にまぎれていて、すぐに発見できなかったのです。

左の写真を見てください。

一般的に、社長の名前は、目立つところにあるものです。写真を飾ったり、ほかの社員と違う色のプレートにしたり、中には「代表取締役」という肩書きをつけたりけれども、六花亭では純粋に「五十音順」で並んでいました。

肩書きすら書いていない。

社長は、たまたま社長という仕事をしているだけで、ほかの社員と同じ。社長を含めた一人ひとりが、お客さまに喜んでいただくために存在している、という考え方なのだと感じました。

社長のそんな姿勢に共鳴して、社員一人ひとりが生き生きと働き、持てる力をすべて発揮しているからこそ、六花亭は愛されるブランドであり続けているのでしょう。

あくまで社員と同列、「小田豊」のプレート

「考える人」と「やる人」が同じ自動車販売会社

あなたは、自動車販売会社、いわゆるカーディーラーの店舗に、どんなイメージを持っていますか？

大通りに面した建物はガラス張りで、そこには最新の自動車が展示されている。窓際に商談スペースがあって、お客さまと販売員が商談をしている。

そんなイメージではないでしょうか？　私もそうです。自動車の会社なのだから、主役である自動車をいちばん目立つ場所に置く。それが普通の発想ですよね。

ところが、十勝三菱自動車販売という会社は、違いました。

「道路に面している最も日当たりのいい場所は、お客さまの場所にしたい」

そんな社長の方針で、本来ならショールームを設置する場所を、お客さまがお茶を飲んだり、子どもたちが遊べるスペースにしているのです。

主役であるはずの自動車が、道路に面した建物から、奥まった場所に置かれています。

一般的なイメージをくつがえす、思い切った「先味」の提供です。

お客さまが何よりも大切。これは多くの会社で共通している考え方だと思いますが、実践できている会社はなかなか少ないでしょう。

人間に「人格」があるように、会社にも「法人格」のようなものがあります。

私はこれまで営業の立場で、多くの会社を見てきました。いい会社は、社員の方とひと言あいさつを交わしただけで、それとわかります。

初めて会った人に対して、ちょっと話しただけでも「いい人そうだな」と直感的に感じることがあると思います。会社も同じなんです。

何年も業績が伸びている会社は、敷地に入った瞬間から「いい会社だなぁ」と感じます。それは従業員の人の笑顔だったり、車の置き方だったり、靴の並べ方だったりと、理由はさまざまですが、営業の仕事をしていると直感的に判断できるようになります。

この会社もそうでした。ショールームの位置を普通の自動車販売会社と違う場所に置いていることからして明らかに「レベル11」。直感的に「いい会社だ」と思いました。

社長と商談をするためにオフィスに入ると、お茶を出していただきました。でも普通のお茶とはなんか違う。何かと思ったら、昆布茶です。しかも、本物の昆布が入っています。

「すごくおいしいですね！　でも、どうして昆布茶なんですか？」

そう尋ねてみると、社長は言いました。

「川田さんも営業でいろんなところをまわってくるでしょう？　大体、どこの会社に行っても、緑茶かコーヒーが出てくるでしょ？　せっかくお茶を出すんだったら、何か違うものを出したほうが、喜んでもらえるんじゃないかと思って」

営業マンに出すお茶ひとつに気を配る。そんな「中味」の発想ができる人は、なかなかいません。面白い発想だと思ったのもつかの間、

「よかったら、昆布茶に入ってる昆布も召し上がってください。おいしいですよ」

そう言って社長が爪楊枝を出してくれました。これがまた、きれいな和紙に包まれている。「素敵ですね」。私がそう言うと、社長は嬉しそうに笑いました。

「これ、社員の手づくりなんですよ」

本格的な昆布茶と、昆布をたべるための楊枝

そのひと言だけで、社長と社員が同じ方向を向いていることがわかります。どれだけお客さまを大切に考えているかが、伝わってきます。しかも、来客に本格的な昆布茶を出したり、手づくりの爪楊枝を出すという小さなことも、社長の提案なのだそうです。

ああ、間違いなくいい会社だ。予感が確信に変わりました。

この会社は、その他の仕事においても、オリジナリティあふれる、さまざまな取り組みをしていました。

たとえば、「ランチタイムプロジェクト」。

一般的な企業の課題解決は、上層部の○○長、マネージャー、本社などが考え、現場に指示を出す、という流れで行われていますよね。

つまり、**考える人と実行する人が別になっている**わけです。

ところが、十勝三菱自動車販売の課題解決は、多くの場合「プロジェクト」によって行われます。プロジェクトとは、年齢、役職、部門などを問わず、同じ問題意識を持つ人たちが集まり、課題解決を行う場です。大きな課題から小さな課題まで、すべてをこのプロジェクトによって解決しています。

いずれも共通点は「まじめな雑談」。お昼休みにランチを食べながら行うことが多いので、ランチタイムプロジェクトと呼ばれるようになったそうです。

社員一人ひとりが主体的に、お客さまのため、会社のため、仲間のために課題を解決することが、この会社の行動指針のひとつなのです。

従業員自身が仕事を楽しみ、さまざまな工夫をすることが、お客さまの心を動かす。

まさしく、それを組織全体で実現している会社です。

そして、それがどんな結果につながっているか。

十勝三菱自動車販売は、三菱自動車販売会社グループの「お客さま満足調査」で、6年連続日本一になっています。

「考え方」を褒めるゴミ清掃会社

小さな工夫を積み重ね、感動を生み出し、大きな成果へとつなげていく。

組織全体としてこれを実現していくためには、経営者の「理念」を、現場の従業員に浸透させていくことが何よりも大切です。

実はこれこそが、この第5章でみなさんにお伝えしたいことなのです。

では、どうすれば、経営者の理念を従業員に浸透させることができるのでしょうか？

その素晴らしいお手本になるのが、東京は江戸川区で、ごみの回収やリサイクルを行っている春江という会社です。

春江の経営理念は「質で日本一を目指します」です。

ごみを回収するだけではなく、ごみ集積所の清掃・管理・作業姿勢までを自社の商品・サービスとしてとらえ、総合的に品質を高めているのです。

ごみ回収後に清掃を行うのはもちろん、出勤前に靴をピカピカになるまで磨いて、社員が自分が乗る車を毎日1時間かけて徹底的に清掃します。

だから、何台ものごみ収集車を格納する車庫内でも、嫌な臭いが一切しません。世間が廃棄物処理業に抱く「汚い、臭い」といったイメージと一線を画しています。

さらに、仕事の質を高めていくために、社員が考えたアイデアを積極的に採用し、評価・表彰するしくみがあります。

植松さんという社員さんが開発した、廃棄物の運搬作業を効率よく行うことができる「植松カート」や、収集作業のあとですぐに清掃に取り掛かれるように、ほうきの搭載場所を工夫したオリジナル車両など、多くの改善案が生まれています。

オリジナル車両の開発は、同社の社員が出すアイデアに車両メーカーが応える形で進められ、約10年間で25箇所を超えるオリジナルの機能を追加。作業効率の向上と社員の負担軽減に、大いに貢献しているといいます。

1973年に春江商店として創業して以来、この会社の理念に共鳴する人はどんどん増えて、現在は社員数210名、取引先は8200社にもおよんでいます。

2013年度には、経済産業省が全国各地から100社を選出した「おもてなし経営企業」のひとつにも選ばれました。

なぜ、こうした会社をつくることができたのか。

社長の板橋正幸さんに話を伺うと、こうおっしゃっていました。

「社員それぞれが、ただ与えられた仕事をこなすのではなく、理念を実現しようという気持ちを持っているからです。その気持ちが具体的な意見や行動として出やすくなるよう、うちの会社では『褒める教育』に力を入れているんですよ」

この会社に行くと「もったいない」と背中に大きく記された作業服を着た社員のみなさんたちの「ありがとう」という声が、ひんぱんに飛び交っています。

朝礼では毎日、社長やリーダーが必ず社員を褒め、失敗があっても頭ごなしに叱ることはありません。失敗の要因は上司が一緒になって分析し、本人に原因があっても、その要因は何なのかを一緒に考え、会社に手助けできることがあれば対策を講じていく。

この会社では、本人の努力や資質不足と見放したりせず、根気よく教育することで、おもてなしマインドを持った主体性の高い人材を育てているそうです。

前章で私は「褒めることが大切」と書きました。

でも、それは、ただ褒めればいいということではないのです。

作業服にも、トラックにも“思い”が込められています

会社全体に理念を浸透させていくためには、経営者やリーダーが、現場の従業員に対して「理念に沿った褒め方」をすることが大事だと思います。

社員や部下が何か工夫をしたり、気の利いた行動を取ったら、「その工夫はうちのお店っぽくてすごくいいね」「うちの会社が目指しているレベル11を提供したんだね。素晴らしいよ」と声をかけてあげるのです。

会社や経営者の理念が従業員に浸透していて、主体的に動ける人が多い会社と、そうでない会社は、ここに大きな差があると思います。

従業員が主体的に動けない会社は、「行動」は教えても「考え方」を教えません。だから従業員の「感性」によって、伝わり方や理解の深さが違ってしまうのです。

ただ単純に「商品はこう並べなさい」と教えるのではなく**「こうして並べたほうがお客さまにとって、こういうメリットがあるよね」「うちの会社は○○を目指しているから、こうやって並べるんだよ」**と伝える。それが自主的にできたら、ちゃんと褒める。

春江のオフィスにお邪魔すると、事務所の壁に、「第十一回春江笑顔コンテスト写真」と書かれた社員のみなさんの笑顔の写真がずらりと並べられていました。

社長に「これはなんですか?」と尋ねてみました。

みなさん、自然で素敵な笑顔です

「うちの会社では、笑顔であいさつすることを従業員に徹底しているんです。笑顔こそがすべての土台ですから。『笑顔コンテスト』は、社員たちの笑顔の写真を一覧にして取引先の企業に送って、いちばん良い笑顔を評価してもらっているんです」

社員の笑顔の写真を取引先に送って評価していただくことで、社内外に対して自社の理念を伝えていく。素晴らしい発想です。

多くの会社で理念が従業員に浸透していかない、もう1つの大きな理由は、それが働く人たちにとってのメリットになっていないからだと思います。自分にとってやりがいのあるものでなければ、誰もやろうとは思いません。

だからこそ経営者やリーダーは、社員や部下が幸せになるような理念を生み出し、**それを実現する具体的な方法といっしょに、示す必要がある**のだと思います。

そして、**経営者の一番の仕事は、「理念を語り続けること」**だと思っています。

「理念を語ること」ではなく「理念を語り続けること」です。

何度も何度も語り続けることで、現場の従業員の人たちが自発的にレベル11となるような小さな工夫を自発的に生み出し、お客さまの共感を呼び、大きな成果へとつながっていくのだと思います。

「語り続ける」というのは、本当に、本当に大変なことだと思います。時にはブレることもあるでしょう。それでもみな、理念を語って引っ張ってくれるトップを観ています。**お客さんと同様、従業員も経営者を観察しているのです。**

私がこの会社に感動した理由は、もう１つあります。

春江の出社時間は朝４時。ものすごく早いです。けれども、社長の板橋さんをはじめ、幹部陣はもっと早く出勤しています。そして事務所の入り口に並び、朝早くから出社する社員を出迎え、みんなのお手本になるように一人ひとりの社員の目をしっかりと見て、笑顔であいさつをされているのです。

この会社にお邪魔すると、私のような、よそ者の営業に対しても、社員のみなさんが気持ちの良い笑顔で大きな声であいさつをしてくださいます。

会社の理念が社員のみなさんにしっかりと伝わっている、何よりの証拠でしょう。

全員が「責任者」になる飲食チェーン

茨城・栃木・埼玉・群馬・千葉に直営67店、FC3店、計70店舗を展開するファミレスチェーン「ばんどう太郎」に初めて行ったとき、私は圧倒されました。

期待の基準値を超える「レベル11」。お客さまに感動を与える3つの味「先味・中味・後味」。小さな工夫の積み重ねが大きな成果につながること。

それらを完璧に、それ以上に徹底的に実現しているお店だったからです。

私がこのお店に興味を持ったのは、テレビ東京で放送されている作家の村上龍さんと経済人の対談番組「カンブリア宮殿」を観たことがきっかけでした。

そこでは、こんなふうに紹介されていました。

外食不況と呼ばれ、低価格を売りにしたファミリーレストランチェーンが台頭する中、平均客単価1400円と高価格ながら、成長を続ける異色のファミレスがある。

お客さまの多くが、祖父母から孫まで連れだった3世代の家族。一番人気の「みそ煮込みうどん」からお寿司まで100種類以上ある豊富なメニューも人気の要因だが、それ以上にお客さまを魅了するのが「3世代全員が満足する居心地がよい店づくり」だ。

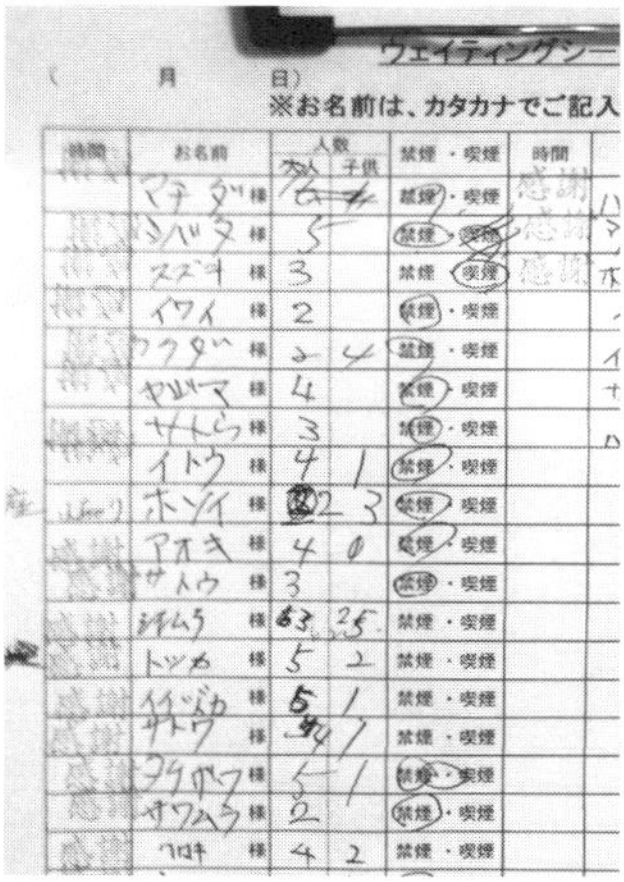

強烈な「先味」です／左はじに「感謝」のスタンプが！

熱烈なリピーターを育て上げてきた知られざるファミレスチェーン。効率化を求めず、競合と競争しない独自経営には、「人々を幸せにしたい」という、創業者の熱き思いが秘められていました。創業社長の青谷洋治さんが出演されたこの番組を観て感銘を受け、ぜひ一度行ってみたいと思って、東京から茨城にあるお店まで車で向かいました。

お店に着くと、何人もの人が待つ入り口に、力強い文字で「おかあさん　ありがとう」と書かれています。いきなり強烈な「先味」を味合わされます。

ファミレスには、待っている人が名前を書いておくウェイティングシートがよくありますが、「レ点」をつけたり、横線を引いて、順番に名前を消していくのが普通です。ばんどう太郎は、違います。名前を呼ばれたお客さまの欄に「感謝」というスタンプを押していくのです。ウェイティングシートは、感謝、感謝、感謝と、感謝の文字でいっぱいです。

このお店は、想像以上かもしれない。私の期待はますます高まります。

ばんどう太郎には、ファミレスなのに「女将さん」がいます。女将さんに大きな声で明るく元気に出迎えていただいて、席に着きます。

メニュー表を見ると「ちびっこメニュー」（左写真）に、こんなことが書かれていました。

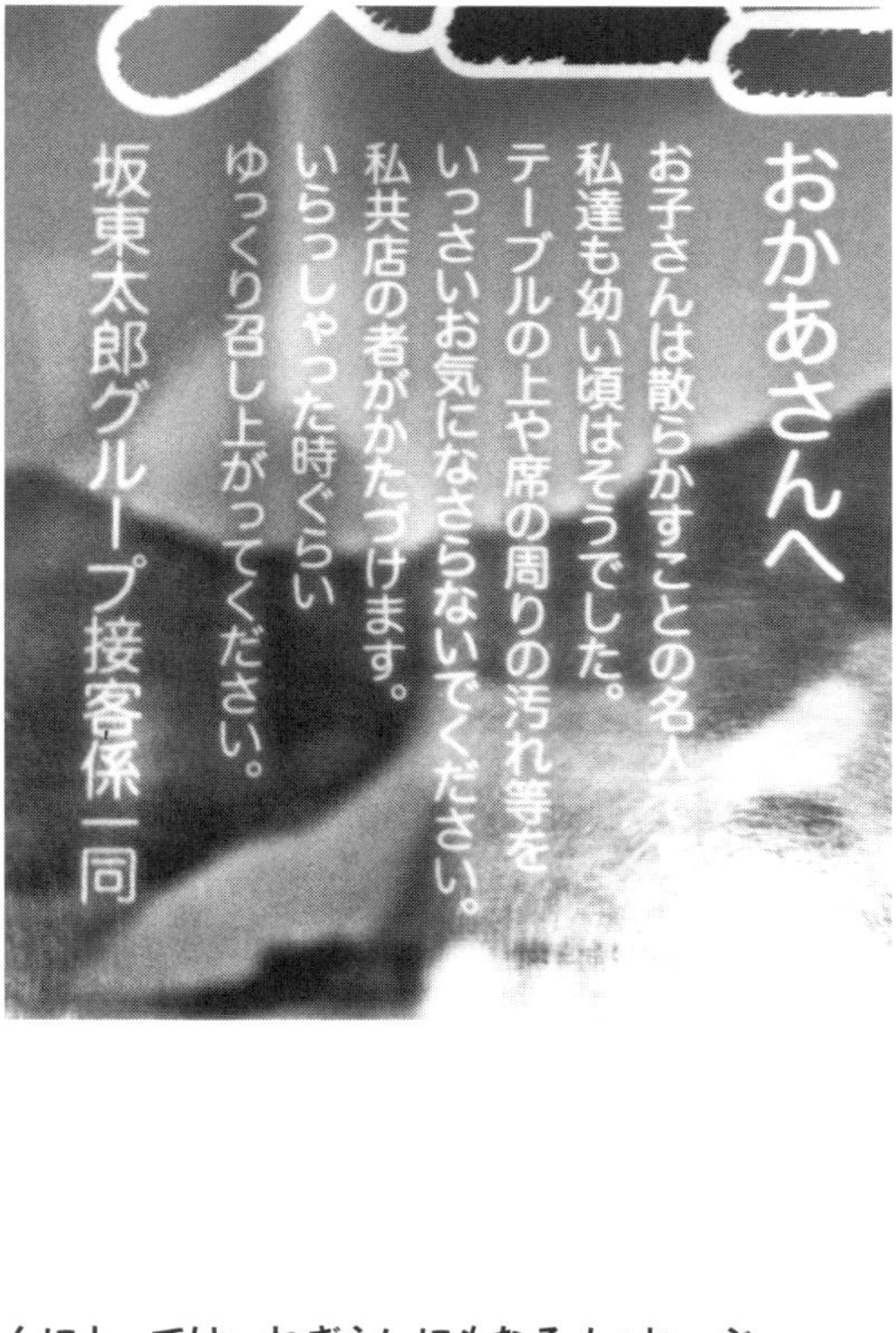

お母さんにとっては、ねぎらいにもなるメッセージ

「お客さまに提供したいものが商品だけではない」ということが、このメッセージから伝わってきます。私も娘と息子がいるので、こういう気持ちはよくわかるのです。

幼い子どもたちと一緒に飲食店に行くと、こぼしたり、散らかしたり、騒いだりして、お店の人や周りのお客さまに対して、ずいぶん気まずい思いをするものです。それを避けるために、お店に連れていくことをためらう人もたくさんいるでしょう。

でも、お店の人にこう言っていただければ、安心して連れていくことができます。育児で大変な思いをしているお母さんお父さんなら、なおさらでしょう。

子どもも孫も気兼ねなく楽しめる。まさに3世代全員が満足できるお店づくりです。

店内の壁には、お店の人たちの名前が書かれたネームプレートがずらりと並べられていて、大きな文字でこんなことが書かれていました。

私たちがおもてなし、お料理の責任者

ネームプレートには、一人ひとりの名前の横に小さな文字で何か書かれています。

近づいて見てみると……。

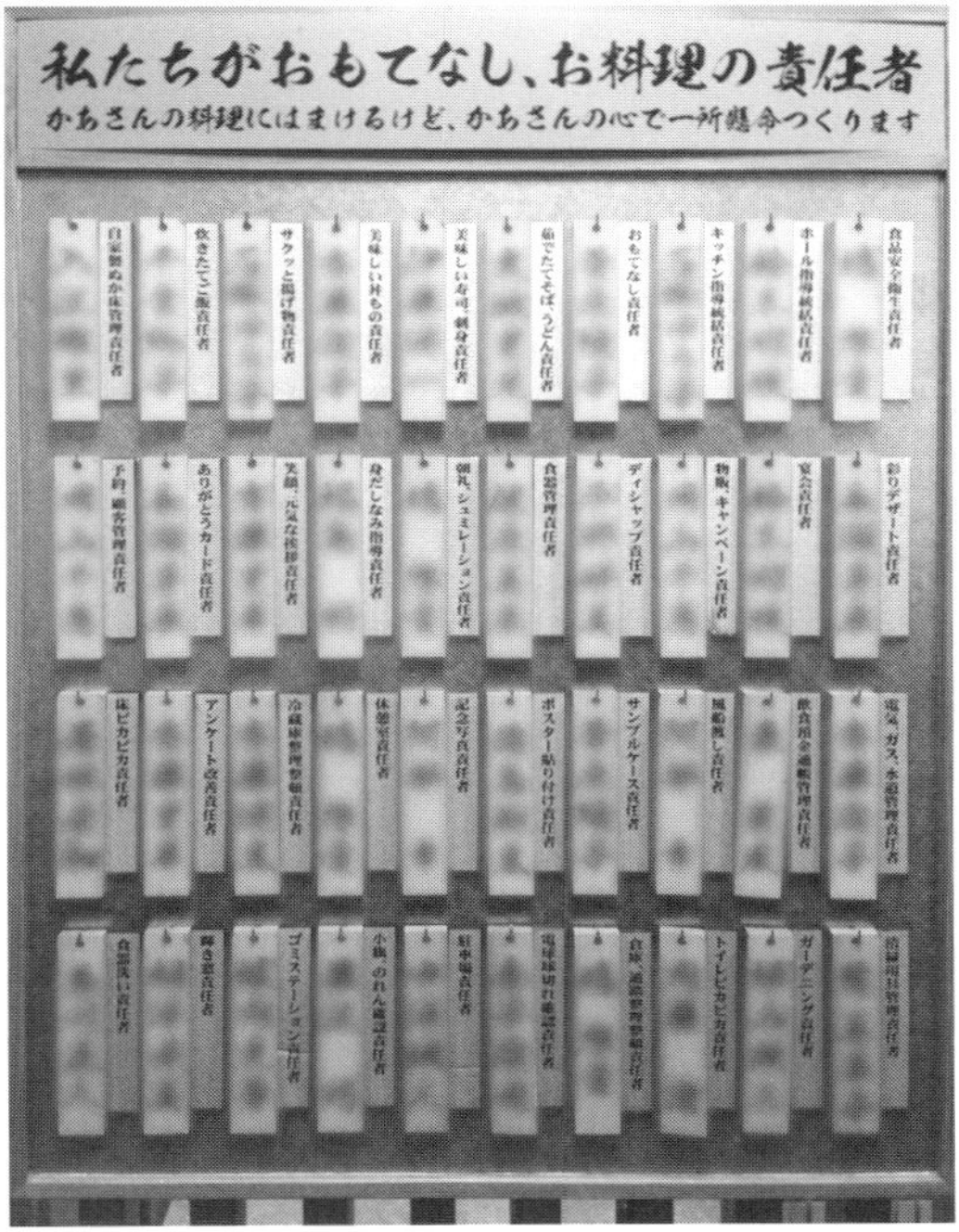

一人ひとりの存在価値を明確に

炊きたてご飯責任者、自家製ぬか床管理責任者、美味しい丼もの責任者、茹でたてそば、うどん責任者、身だしなみ指導責任者、笑顔・元気な挨拶責任者、サンプルケース責任者、風船渡し責任者、アンケート改善責任者、記念写真責任者、床ピカピカ責任者、トイレピカピカ責任者、輝き窓責任者……。

数えてみると、40名以上もの「責任者」の名前が記されていました。お店で働いている、すべての人に責任を与える。これまた素晴らしい発想です。

それだけではありませんでした。責任を与えるだけではないのです。

各テーブルには「世界中のありがとうカード」と書かれた紙が置いてありました。これは、お客さまがスタッフの名前を書いて、お店の人を褒めるカードです。

接客してくれた人の笑顔が良かった。元気がよくてまた来たくなる。床がピカピカで気持ちよかった。

そんなことを書いてもらえたら、働いている人たちは絶対に嬉しいでしょう。スタッフにとって、最高のやりがいになるはずです。

ばんどう太郎社長の青谷さんは、中学を卒業後、お蕎麦屋さんに弟子入りし、24歳で

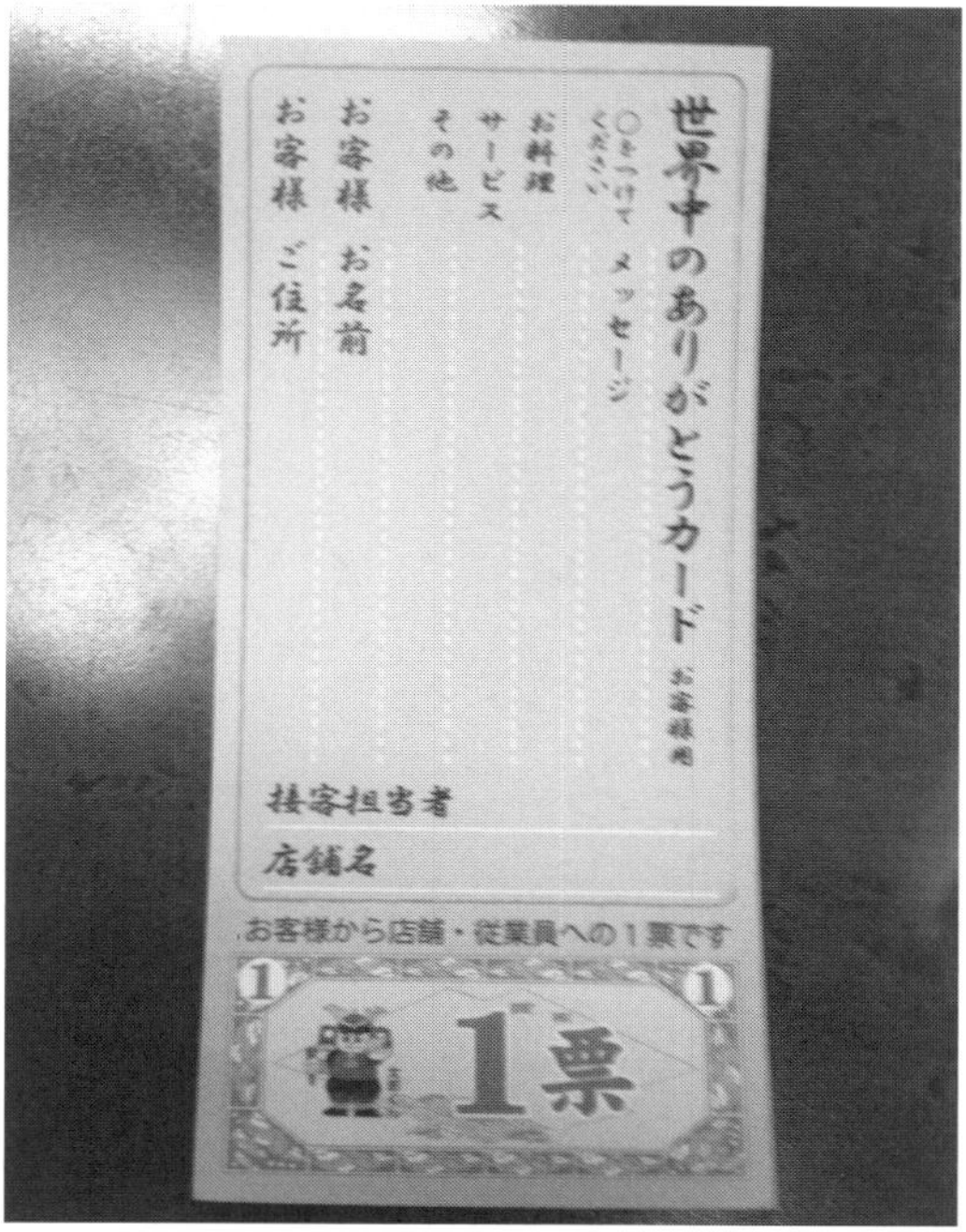

何よりもスタッフを成長させることになる「1票」

独立。当初は「売上日本一」を目指して、売上第一主義の経営を進めました。ところが、利益を優先するあまり、退職者が続出。労働力を失って、倒産の危機に陥ります。そんなときに聞こえてきたのが、実のお母さんの声だったそうです。

「働いている人が幸せじゃないから、辞めていくんだよ」

これをきっかけに、目標を「売上日本一」から「幸せ日本一」へと変更します。パート女性を「女将さん」とする独自のシステムや個人表彰など、従業員のやる気を引き出す取り組みを次々に導入し、従業員を家族のように思い、従業員の幸せを追求する企業へと変わったそうです。

その願いが、お店にあらゆるところにあふれていました。

私自身、ばんどう太郎の「ありがとうカード」を見てから変わったことがあります。アンケート用紙には、できるだけ記入しようと決心したのです。

ちょうど、この数日後にゴルフに行きました。私たちについたのは、この日、初めてキャディさんとしてデビューした女性でした。雨が降る中、頑張ってくれていましたが、やっぱりまだまだ勉強中という感じでした。

「何もできないキャディですみません！」

プレー中、彼女はそう言って何度も頭を下げていましたが、言葉遣いにはすごく注意していて、とにかく一生懸命な人でした。

ゴルフ場にも、キャディさんを評価するアンケート用紙があります。そこには「ボールの行方を見ていたか」とか「アドバイスは的確だったか」とか、いろいろな項目がありました。

私は、どの項目も正直に「もう少し」に丸をつけ、言葉遣いは「優秀」につけました。そして、最後にメッセージを書く欄があります。

これまでは、気が進まず書かなかったのですが、この日、初めて、次のようなことを書きました。

「誰もが始まりの時期があります。頑張ってください。とても気持ちのいいキャディさんでした」

私は、ばんどう太郎の「ありがとうカード」を見て思ったのです。

自分にとってのその一筆は、たいした手間ではありません。でも、褒めてもらった人にとっては、お客さまのひと言は「この仕事をしていて良かった!」と、明日への希望になり、やりがいになるはずだと思ったからです。


素敵なサービスに出会うと、自分自身を省みる機会になります。

これは想像ですが、ばんどう太郎のウェイティングシートの「感謝」スタンプや「ちびっこメニュー」に書かれていたコメント、責任者の担当表も「ありがとうカード」も、その多くは従業員の人たちのアイデアなのではないかと思います。

「幸せ日本一」のお店にしていくために、自分は何ができるのか。会社の目標に対して、一人ひとりのスタッフが考え、アイデアを出し、どんどん実践している。そういう理想的なお店に見えました。

なぜなら、このお店で働いている従業員の方たちが、みんなすごく元気で、生き生きと働いていたからです。

食事を終えてレジに行くと、レジの後ろの大きな木の板に「社訓」と書いてあって、たったの3文字、「親孝行」と書いてありました。

この会社の社訓である「親孝行」には、次のような意味が込められているそうです。

「親」とは、お世話になったすべての人。

「孝」とは、相手に理解していただくために誠心誠意尽くすこと。

「行」とは、自らの行動で実行し続けること。

まさしくそういうお店でした。

そんな「後味」に、私も幸せな気持ちになることができました。

超大企業も「考え方」1つで変わる

日本航空（JAL）は、2010年に経営危機に陥って一度は倒産しましたが、それから3年も経たない2012年9月に再上場を果たし、見事に復活しました。

ちょうど、その再上場を果たした頃のことだったと思います。

出張でJALを利用したときに、飛行機の座席にマフラーを忘れてしまいました。そのときは時間がなかったので、そのまま仕事に向かったのですが、次に搭乗したときに、地上スタッフの人に聞いてみました。

「前回、座席にマフラーを忘れてしまったのですが、届いていませんか？」

日時と便名、座席番号を伝えると、スタッフの女性は「少々お待ちください」といって、電話で確認を始めました。

しばらく電話で話していましたが、どうも届いていない様子です。時間も経っていましたし、マフラーですから、仕方ないかとあきらめることにしました。

ところが……。

「◯月◯日の◯◯便、お座席は◯◯◯ですね」


その女性は、私の便名と搭乗口を再度チェックすると、どこかに走っていったのです。

私は、少し驚きました。電話をして見つからなければ、それで終わりというのが、私のJALに対する「レベル10」だったからです。

けれども、その女性スタッフは忘れ物保管所で私のマフラーを見つけ出して、時間に間に合うように搭乗口まで持ってきてくださったのです。

「もしかして、JALは変わったのかもしれない」と思いました。

ただ、疑うわけではないのですが、もしかしたら、その女性スタッフがたまたま優秀で、「レベル11」をできる人だっただけなのかもしれません。


それからしばらくして、また出張でJALを利用する機会がありました。

私は事業所得があるので、確定申告をする前に、飛行機の領収書を1年分ぐらいまとめてもらうことがあります。

というのも、パッケージで行くときは旅行会社から、直接予約したときは航空会社から領収書をもらわなくてはいけないために、どの領収書をもらっていないのか、わからなくなってしまうことがあるのです（細かい話で恐縮ですが……）。

そこで、搭乗する前に、地上スタッフの人に聞いてみました。

「私の領収書で発行されていないものがないか、チェックしていただけますか？」

とはいえ、私はわりと頻繁に飛行機を利用するので、全部チェックするのは結構めんどうな作業だと思います。次に搭乗するときにでも用意しておいてもらえればいいかな、と考えていたのですが、そのスタッフの方はこう言ったのです。

「明日、飛行機で帯広からお帰りでいらっしゃいますね。そのときにお渡しするのでもよろしいでしょうか。よろしければ手配しておきます」

なんという迅速な対応！　驚きました。

「ＪＡＬは本当に変わったんだ」と確信しました。

ＪＡＬ再生の最大の立役者は、２０１０年2月に再生請負人として会長に就任した、京セラ名誉会長の稲盛和夫さんだったと言われています。

稲盛さんは、当時のＪＡＬに対して、霞が関の官僚機構と似たようなピラミッド型の組織で、ひと握りの幹部だけがすべてを決めている印象を持ったといいます。

頭と体がバラバラの組織のあり方にこそ経営破綻の原因があり、会社としての一体感が欠如していることが最大の問題である、と感じたのだそうです。

では、どうやってＪＡＬは再生を果たしたのでしょうか？

稲盛さんが提唱されたのは、**経営理念を根本から見直して「社員の幸福」を一番に追求する会社に変えることでした。**

京セラやＫＤＤＩの経営で実行してきたように、すべての社員が持つべき判断基準や経営哲学をまず全社員に伝え、それによってみんなの意識を変える。社員の意識が変わることが、組織の活性化につながるだろう、と。

けれども、政府の支援を受けて再建中の会社が、真っ先に「社員の幸福」を掲げることについては、多くの反対意見があったといいます。

企業の再生に、なぜ「社員の幸せ」が必要なのか。
稲盛さんは、こう話されていました。

〝どんな巨大な会社であれ、人間の体であれ、現場の社員、末端の細胞まで自発的に生きて、それが全体として調和のとれた動きをするためには、すべての組織が同じ哲学、同じ意識を持っていなければならない。

みんなが同じ哲学を共有するためには、自分たちの組織の目的は、自分たち個人にとって良いことだというのが、前提でなければなりません。ですから「全社員の物心両面の幸福」というのは、企業理念としては基本的なものなのですね。

だから現場の社員まで、本当に自分の会社だと思えるためには、「JALは自分を愛してくれる、自分を大事にしてくれる会社だ」という意識がなければならないと思ったのでJALグループ企業倫理、JALフィロソフィづくりから始めたのです〟

（DIAMOND online／2013年5月7日）

フィロソフィとは、「人間として何が正しいのか」「人間は何のために生きるのか」という根本的な問いに真正面から向かい合い、さまざまな困難を乗り越える中で生み出された仕事や人生の指針であり、稲盛さんが京セラを今日まで発展させた経営哲学です。働く人が幸せであることが、いくつもの感動を生み出し、大きな成果につながる。これは企業の規模を問わず、とても大切なことなのです。

そしてもうひとつ、ＪＡＬも、ばんどう太郎も春江もそうであったように、経営者の理念をみんなに浸透させて、会社の「文化」にしていくことが重要なのだと思います。

プルデンシャル生命がコマーシャルを打たない理由

仕事に対する理念であったり、哲学や考え方、思いは、経営者によってそれぞれです。「社員を幸福にすること」でも「お客さまに幸せを感じてもらうこと」でも「仕事の質で日本一を目指す」でもいいのです。

重要なのは、会社や組織のみんなで同じ方向を目指すこと。どんなに優秀な人を集めても、目指す方向がバラバラでは、その力を最大限に発揮できません。

だからこそ、企業や組織には理念が必要であり、それをみんなで共有する「文化」にまで高めていくことが、リーダーの重要な役割なのです。

私が所属するプルデンシャル生命にも、「企業理念」と謳ったものがあります。そして、創業社長の坂口陽史《きよふみ》の「思い」が社員に浸透し、「文化」になっています。

それは坂口さんが私たちに対して、仕事、会社、そして生命保険に対する自分の考え方を、いつもいつも口にしていたからです。

今でも強く心に残っている出来事があります。

※社内の人間である坂口を、あえて「坂口さん」と書かせていただいています。坂口さんは、高い志を持ったリーダーであったと同時に、いつも私たちのすぐ近くにいてくれる存在でした。「坂口」と書いてしまうと、遠い存在のように感じてしまうのです。筆者のわがままをお許しください。

プルデンシャル生命という会社は、1987年に設立してから、つい最近までテレビコマーシャルを打つことをしませんでした。

経営者が「カンブリア宮殿」や「ワールドビジネスサテライト」のような経済番組に出て理念を語っているわけでもありません。プルデンシャル生命という会社名を知らない人は、今もたくさんいるはずです。

私がこの会社に入社した1997年、当時の社長の坂口さんに対して、ライフプランナーたちから強い要望が出されたことがありました。

「会社の知名度が低いと仕事がしにくいです。テレビコマーシャルを打ってください」

外資系の保険会社というだけで、怪しいと思う人も多くいた時代だったのです。

その要望に対して、坂口さんはこう言いました。

「コマーシャルを打とうと思えば、明日からでも打てる。それぐらいの財力はある。けれども、そのお金は誰が負担するんだ？　あれは保険会社が負担しているんじゃない。お客さまが負担しているんだ。そういう業界を変革しようと始まったのがプルデンシャル生命じゃなかったのか？　ほかの保険会社と同じようなことをするのであれば、この会社の存在意義はない。それでもコマーシャルを打つ必要があるのか？」

誰も、反論できませんでした。そして、そのあとに坂口さんから聞いた言葉は、私にとって今でも、仕事をするうえでの「芯」として心の中に通っています。

「僕は10年、15年で日本でナンバーワンの保険会社をつくろうとは思っていない。もちろん、つくろうと思えばつくれるかもしれない。無理な運用をして結果的に運用がうまくいき、コマーシャルをたくさん打って認知度が上がれば、ナンバーワンになれるかもしれない。でも、そんなふうにしてつくったナンバーワンは、10年、15年すれば崩れていくだろう。

僕がつくりたいと思っているのは、100年後に日本でナンバーワンになる生命保険会社だ。100年後に日本でナンバーワンの生命保険会社になるために必要なことは、たった1つだけだ」

当然、100年後には、その会場にいる人は誰一人この世にいないでしょう。

坂口さんの魂のこもった言葉に、すべての人が聞き入っていました。

「それは、**お客さまに支持され続けること**だ。だから、私は君たちにプルデンシャル生命の商品を売ってくれとは言わない。ただひたすら、お客さまに正しい生命保険の考え方を伝えてくれ。生命保険の素晴らしさを伝えてくれ。そうすれば、100年後、おのずとプルデンシャル生命は日本でナンバーワンになっているはずだ」

私は、常にこの言葉を胸に抱いて仕事をしていて、初めてお会いするお客さまにも、この坂口さんの話をお伝えしています。そのうえで、こう言います。

「これから商談を進めていく中で、私がお客さまのことより自分の都合を優先していると感じられるシーンが一瞬でもあれば、そのときは黙って席をお立ちください。私はそういう覚悟で仕事をしています」

この話をすると、お客さまの表情が変わるのがわかります。

そしてこれは、私自身への宣言でもあります。

また違う機会に、坂口さんにこんなことを言われたことがあります。

「プルデンシャルのために働くようなことはしちゃダメだよ。仕事の最終的な目標は人間的成長です。あなたの人間的成長のために、プルデンシャル生命という会社を利用しなさい」

坂口さんは繰り返し、会社の人たちにそう語っていました。仕事というのは、最終的には人間的成長が目的であるということが、入社した頃、どういう意味なのか正直よくわかりませんでした。でも、今は、少しわかったような気がしています。

営業の仕事で大切なのは、スキルではなく、結局は「人」として魅力的かどうかです。

人は「損得」ではなく「感動」で動く生き物です。どんなに営業トークがうまくても、商品説明が上手でも、それだけではお客さまの心は動かせません。だからこそ、人間的な成長が必要なのです。

私は後輩から「ずっと売れる人って、どういう人なんですか？」と聞かれると、いつもこんなふうに答えています。

「落ちているゴミを、またいでいかない人」

坂口さんから受け継いできたこういう考え方が、プルデンシャル生命の「文化」です。ルールのようなものがあるわけでなく、どんな仕事の仕方をしようが、会社はあまり何も言いません。ただし、人としてどうあるべきか、という考え方は共有されています。

「今の自分を、お客さまに見せることができるのか？」

誰もがそういう意識を持っていて、お客さまが見ていても、見ていなくても、恥ずかしくない自分でいようとしている。そんな「文化」が築かれています。

企業理念は経営者が考えて紙に書けば出来上がりますが、「企業文化」はそれらを経営者から現場の人たちまで全員で実践して積み上げていくもので、一朝一夕でできあがるものではありません。

ここまで読んでいただいた方には、もうおわかりかと思います。

私がお伝えしたいのは、「文化」を作るうえで、「経営者」の存在は絶対に欠かせないということです。

私が見てきた会社には、どこに向かって歩けばよいのかをはっきりと示し、仕事の面白さに気づかせて、現場の人の力を最大限に引き出す、多くの経営者がいました。

しかし、経営者の役割は社内に対しては大きな存在ですが、お客さまや社会との接点を持ち、その会社の評価を左右しているのは、現場の人たちです。

現場の人たちが実践してこそ、それが「企業文化」として成熟していくのです。

つまり、**経営者や管理職、現場の人たちが同じ方向を向いて進んでいくことが、絶対に欠かせない大切なことなのです。**

終章

Epilogue

あなたは、明日から何を始めますか？

この本の真の価値は、ここからです。
ぜひ、「読み物」としてではなく、「使う本」として活用してください。

この本は、読んでいただくために書いた本ではありません。明日から、1つでもいいから、工夫をして具体的に変わっていくことが、この本の目的です。

この本の「はじめに」で書いたことを、もう一度ここに書かせていただきます。

この本は、経営者やリーダー層の人たちと、現場でお客さまに接している人たちの両方に読んでいただくことで、最大限の価値を生み出せる本になっています。

もし、あなたが経営者で、「自分のやりたいことが書いてある」と思われたら、ぜひ、この本を現場の人に渡して、読んでもらってください。

もし、あなたが現場でお客さまに接している人で、「これができたらお客さまが喜ぶはずだ！」とか「自分の仕事が楽しくなるかもしれない！」と思ったなら、管理職や経営者の方に、この本をそのまま渡してあげてください。

私は、確信しています。

現場から経営者までが「価値を共有」し、「同じ方向を向いて」いれば、お客さまも共鳴してくれるのです。

経営者も現場も一緒になって「先味・中味・後味」で「レベル11」を実践していってください。そして、お客さまを、元気に幸せにしてあげてください。

「一緒に変わっていこう」と思われたら、次のページからの内容がお役に立つはずです。

実は、この本で一番大切なところはここからだと思っています。

みなさんは、多くの研修を受け、本を読み、時には講演を聞くなど、学ぶ機会は少なくないと思います。しかし、それだけでは具体的な成果が出るところにたどり着くことは難しい。もしくは、時間がかかると思います。

何度も書いたように、この本は「読書」として読んでいただくだけの本ではありません。みなさんが、**明日から、1つでもいいから変わること、工夫をすることが**、この本の目的です。

そのためには、本を読んで情報や考え方をインプットしているだけではいけません。アウトプットをして各人が具体的な行動まで落とし込んで考えて、そして実際に行動することが大切です。それによって初めて、「自分事」としてとらえることができるようになります。

そして実際に行動を変えると、その先にある「今まで気づかなかったこと」に気づくことができます。

仕事で「小さな感動」を生み出す研修プログラム

この研修は、私の講演の中で、実際に多くの会社で行っているものです。いくつかの企業では、この2回ワンセットの研修を年2回、毎年行っています。会社やグループに属していない方や、個人でも、この研修プログラムに沿って自分の仕事について見直してみれば、同じ効果が得られます。

① 社員が4～5人のグループに分かれます

② レベル10についてのディスカッションをします

自分たちの仕事、職種、業界は、お客さまにどう思われているのか？お客さまの頭の中には、自分の業種、職種に対してどんな「期待」を持っているか。服装でも話し方でも、知識レベルでも技術レベルでも、何でも構いません。みんなで話し合ってみてください。

お客さまは、あなたの仕事にどんなイメージを持っているのでしょうか？

3

2を発表して、みんなで共有します

自分たちの仕事はどんなふうに見られているのか？

お客さまの目線に立って、自分たちの業界や業種の「レベル10」を全員で確認し、再認識してください。

4

次に、レベル11についてのディスカッションをします

自分たちの仕事、職種、業界、会社、お店で、どんなことをすれば、お客さまの期待を超えることができるのか、感動を生むことができるのか、みんなでアイデアを出し合ってみてください。

※ここでは「新しいアイデア」にこだわる必要はありません。

「前からこうしたほうが良いと思っていたんだよ」という発言も出てくるはずです。

5

明日から変える行動を「1つだけ」決めます

2つも3つも決める必要はありません、「1人ひとつ」がいいのです。

ただし、心構えや姿勢などではいけません。
「具体的な行動」であることが大切です。
他の誰かが見て実行していることがわかるような、
目に見える行動を決めてください。

⑥

決めたことをみんなの前で宣言し、共有します

何をするか、一人ひとりが紙に書き、その内容をみんなの前で宣言してください。
それが具体的な行動であり、少しでも「素晴らしい」と思ったら、
承認の意味でみんなで拍手をしてあげてください。
宣言するときにルールがあります。宣言の終わりを「〜します」と断言すること。
「〜しようと思います」と言ってしまう人が多く出ますが、
言い直してでも、「〜します」と断言するようにしてください。

⑦

2か月間、一人ひとりが宣言したことを実行します

ダマされたと思って、2か月間、自分が宣言した行動を続けてみてください。
これは結構大変なことですが、2か月続けると、さまざまな変化が生まれます。

それは多くの場合、自分自身の中に現れます。
1日や2日では、変化は現れません。

8 2か月後、共有する研修をします

行動を変えたことによって、生まれた出来事や自分自身の気持ちについて、みんなで報告しあってください。
特に、自分自身がどう感じたかを見つめることが大切です。

これで、このプログラムは終わりです。

この研修によって、2か月後に変わること

この研修をすることによって、どんなことが変わるのでしょうか？
実際に研修を受けていただいた会社の変化をもとに、紹介します。

会社や職場で「レベル10」について共有できる

自分たちの仕事が「お客さまからどう観られているか？」「どう思われているか？」を考えることで、改善すべきポイントや、やったほうがいいことが明確になります。

「レベル11」のアイデアがたくさん出る

みんなでディスカッションすることで、多くのアイデアが出てきます。社長や先輩には思いつかないアイデアが新人から出てきたりします。六花亭や春江がそうであるように、業績を伸ばしている会社は、さまざまな意見や提案をビジネスに反映させています。

「行動」を変えることで「考え方」が変わる

たった1つ行動を変えるだけでも、2か月続けていると物事の考え方が変わります。「こういうことをすると、お客さまが喜んでくれるんだ」「みんなが褒めてくれるんだ」と実感できると、もっと、別の行動も変えようと思うようになるのです。

ひとつの「気づき」を得ると、たくさんの「気づき」が得られる

営業がネクタイを変えただけでも、心の中に変化が生まれ、「お辞儀をしっかりするようにしたのに、靴が汚れているとおかしいな」などと、連鎖的に発想が広がっていきます。ひとつの「気づき」を得ると、多くのことに気がつくようになるのです。

「なぜそれをするのか？」を考えるようになる

最初は誰かの真似でも、続けていくうちに「なぜそれをするのか？」という本質的なことを考えるようになります。「方法」よりも「考え方」の大切さに気づくことができれば、レベル11の行動がどんどんできるようになり、飛躍的に成長できます。

会社の理念が浸透する

社長や上司が、会社の理念を具体的行動に落とし込むことで、社員にわかりやすく伝えることができ、同じ目標を持つことができます。

共通用語が会社や職場の「文化」をつくる

「おっ！　それはレベル11だね」「後味に何かほしいよね」など、社内の共通用語が定

着すると、それが会社や職場の文化をつくり出していきます。

この研修を実行していただければ、一人ひとりの心の中に変化が生まれます。

2か月続けるというのは、けっこうな努力が必要です。

それでもとにかく2か月間、何も考えずに、「具体的な行動」を変えてみてください。

そして2か月後に、もう一度、この本を読んでみてください。

きっと、最初に読んだときよりも、「ああ、そういうことか！」と納得できることが増えていると思います。

この本を「読む」のではなく「使って」いただくことで、みなさんの人生が豊かになることを、心から願っています。

最後に、1つだけ、最近私の近くで起こった「レベル11」について、ご紹介します。

「おわりに」にかえて――

私のところで5年間、一緒に仕事をしてくれたアシスタントの安田靖子さんが、会社の朝会で、退職のあいさつとしてみんなの前で話してくれました。

「川田さんのアシスタントとして働き始めた5年前の年末に、毎月買っている雑誌の占いを見ていたら、『来年から数年は人の手助けに奔走することになります。それはその人のためですが、その経験が今まで知りえなかった素晴らしい世界にあなたを連れて行ってくれるでしょう』と書いてありました。その時は、川田さんと一緒に働くことを言っているのかなと思いましたが、今振り返ってみると、それは居村さんと仕事をすることだったのだと思います」

個人事業主である私のアシスタントとして、安田さんが一緒に仕事をするようになってまだ4か月くらいしか経っていない頃に、「知的障がいの人を第二アシスタントとして雇用したい」と、私が突然言い出しました。

なぜそのようなことを思ったかを、ここでは詳しくは述べませんが、当時、私の人生に大きな影響を与える出会いがいくつかありました。

昔も今も変わらず尊敬している情熱家である株式会社アイエスエフネット代表の渡邉幸義さん、「日本一明るい視覚障がい者」と名刺に入れているNPO法人FDAの理事長の成澤俊輔さん、人を大切にする経営学会の発起人、元法政大学大学院教授の坂本光司先生。そんな人たちとの出会いから、私は、「障がい者雇用」という新たな挑戦をすることにしました。

そして、前出の渡邉社長のご協力で、居村由貴さんという、高次脳機能障害という知的障がいの23歳の女性と一緒に働くことになりました。

後で教えてもらった話ですが、渡邉社長の周りの人たち全員が「高次脳機能障害の人はいくらなんでも無理ではないか」と反対されたそうです。

しかし、渡邉社長が「不可能と思われることをするから意味がある」と言って、居村さんは私と安田さんと一緒に働くことになりました。高次脳機能障害というのはそのくらい重い障がいとして認識されているということを、私自身も後になって知りました。

プルデンシャル生命を素晴らしいと思ったのは、今まで営業業務を行う支社という場で知的障がいの人が働いた前例がなかったのですが、そのためだけの雇用契約書を作成してくれたり、職場となるオフィスの建物や駅からの道を細かく確認し、大きな段差がないかなどを、チェックしてくれたことです。

また、実際に働く数日前、居村さんに、支社のみんなの前で自己紹介とあいさつをしてもらったのですが、障がいの影響もあり、5分くらいかけてほんの数行の自己紹介とあいさつをしてもらったときに、半分近い人が涙しながら聞いているのを見たときには「やっぱり、この会社なら障がい者雇用ができる」と思いました。

そうやって居村さんが一緒に働くことになったのですが、働くと言っても言い出しっぺの私自身はほとんど外に出ていて、実際に居村さんに仕事を教えたり管理するのは第一アシスタントの安田さんでした。

今でも忘れませんが、初日にパソコンに名刺の情報を入力する方法を教えたのですが、次の日にはパソコンの電源の入れ方も忘れてしまっていました。1週間かけても、1日1枚の名刺情報を入力できるようになるのがやっとでした。

当然その間、安田さんの業務は進みません。安田さんは、居村さんが帰った16時以降にはじめて集中してアシスタント業務を行う日々でした。安田さん自身もまだ仕事に慣れ始めてきている程度だったにもかかわらず、私のわがままに付き合ってしまったことで、帰りも遅くなり大変な日々を送っていました。

私はというと、外から電話して「居村さんどう？」「少しずつでいいからね」というくらいで、その場の大変さに、まったく直接的には関与していませんでした。

当時の居村さんは、ミスをするととても落ち込み、泣いてしまったり、お腹や頭が痛くなったりしてしまうので、その頃は月に一度支援員の人に来てもらい、「どのように接したらいいのか」「どのように仕事の指示をしたら伝わるのか」などを相談したり、居村さんにストレスが溜まっていないかなどのチェックをしてもらいながら、仕事を進めていました。

それから5年が経ち、現在、居村さんは名刺60枚くらいの情報を入力し、はがきの印刷から発送までを自分一人でこなせるようになりました。またさまざまな第一アシスタントをフォローする仕事をしてもらうようにもなり、いなくては困る戦力として働いてくれています。

居村さんを雇用するまで、私は、知的障がい者というのは、仕事を教えてもいつまでたっても覚えられないものだと思っていましたが、それは違いました。ずっとできないのではなく、できるようになるのに時間がかかるのです。

たとえば、簡単なルールに沿った作業があるとします。一般的な資本主義の社会では、次の日にそれができなければイエローカードが出され、1週間後にできなければレッドカードが出されて退場となってしまうわけです。

しかし、周りが歩調を合わせてあげると、みんなで歩くことができるのだということを、居村さんと仕事をすることで教えてもらいました。周りが歩く速度を合わせることをまったくしなければ、人はそれを「障害」と呼ぶことになり、周りが歩調を合わせてあげられれば、それは「個性」と呼ばれるものになるのだと考えるようになりました。

そんな、たくさんのことを私たちに教えてくれた居村さんが、安田さんの最後の出勤日に、驚きと感激の「レベル11」をしてくれました。左の写真は、そのときのものなのですが、右に写っている安田さんは、号泣したあとの顔なんです。

その日、居村さんが帰る16時になって、用意しておいた花束を安田さんに渡したときに、こんなサプライズがありました。

居村さん（左）と安田さん（右）

「安田さん、長い間本当にありがとうございました」

少しもじもじしながら、居村さんがこんなことを言い出したのです。

「実は今日の私の服は、5年前に初めて出勤して、安田さんと仕事をさせてもらった日の服なんです……。安田さんがいなかったら今の私はいないと思います。感謝の気持ちを込めて同じ服を着てきました。いままで本当にありがとうございました」

それを聞いた安田さんは驚き、感激して、そして何よりも喜んで、号泣してしまいました。

後日、安田さんと居村さんと私の3人で送別会をしたときに、安田さんがこんなことを言っていました。

「坂本先生（前出）が以前おっしゃっていた『死ぬまで健常者でいられるなんて考えは傲慢なんですよ』という言葉がずっと胸にあって。居村さんと仕事をしたことで、仕事ができることの素晴らしさを、いかに自分が恵まれているのかを感じることができるようになりました」

安田さんはこれから、今までの経験を活かして、障がい者の支援員のような仕事をしていきたいと思っていて、そのための勉強もしていきたいと考えているそうです。

5年前、占いに書いてあった「素晴らしい世界」に行くのかもしれません。

この本の著者の
印税による収益は全額、
『人を大切にする経営学会』に
寄付されます。

『人を大切にする経営学会』は、人、とりわけ社員等の満足度や幸せこそ最大目標であり最大成果と考える「人を大切にする経営」を研究対象とし、「人をトコトン大切にしている企業こそが、好不況にぶれず好業績」という研究の深化・体系化と、その研究成果を広く社会に還元、啓蒙する活動を行うことを通じて、よりよい企業経営を行う企業が増加することを目的としています。

「私はこの学会から本当に多くのことを学ばせていただいています。ご興味のある方は是非インターネットで調べてみて下さい」（川田修）

［著者］
川田修（かわだ・おさむ）
プルデンシャル生命保険株式会社エグゼクティブ・ライフプランナー。1966年東京都墨田区生まれ。慶應義塾志木高等学校、慶應義塾大学法学部卒業。小学校５年から大学４年までサッカー漬けの生活を送り、1989年株式会社リクルート入社。入社から退職まで96カ月のうち、月間目標を95カ月達成。部署最優秀営業マン賞を数回、全社年間最優秀営業マン賞を受賞。
1997年プルデンシャル生命保険株式会社入社、営業職の最高峰であるエグゼクティブ・ライフプランナーに昇格。その年の年間営業成績（2001年度の社長杯）でトップとなり、全国約2000人中の１位のPT（President's Trophy）を達成。現在は、エグゼクティブ・ライフプランナーとして活動するかたわら、「保険」だけでなく「本当の顧客満足とは」「紹介をしてもらえる営業」「お客様に感動を与える営業」などをテーマに企業からの講演・研修依頼を年に40回程度受けるなど、営業のプロフェッショナルとして多彩な活動を行う。保険営業や講演・研修を通して、これまで1000人以上の経営者と出会い、約800社の企業を訪問してきた。
主な著書に『かばんはハンカチの上に置きなさい』『僕は明日もお客さまに会いに行く。』（以上、ダイヤモンド社）、『仕事は99％気配り』（朝日新聞出版）、『「営業の仕事」についてきれいごと抜きでお話しします』（三笠書房）、『一流の営業マンはなぜお客様から何度もゴルフに誘われるのか』（ＰＨＰ研究所）などがある。

この本のご意見・ご感想などありましたら、メールをお送りいただけると幸いです。
shiroi_hankachi@yahoo.co.jp（必ず全部読ませていただきます）

だから、また行きたくなる。
――伝説の外資系トップ営業が教える「選ばれるサービス」の本質

2018年７月４日　第１刷発行

著　者――川田修
発行所――ダイヤモンド社
〒150-8409　東京都渋谷区神宮前6-12-17
http://www.diamond.co.jp/
電話／03･5778･7236（編集）　03･5778･7240（販売）
ブックデザイン－新井大輔
編集協力――新田匡央
校正――加藤義廣（小柳商店）・officeあんだんて
撮影――佐久間ナオヒト（ひび写真事務所）（p68, p113, p123）
製作進行――ダイヤモンド・グラフィック社
印刷――慶昌堂印刷
製本――加藤製本
編集担当――今野良介

ISBN 978-4-478-06843-4